JAPANISCHE KUCHE EINFACH GEMACHT

100 REZEPTE AUS JAPAN ZUM ZU HAUSE KOCHEN

WIBEKE KEMPF

INHALTSVERZEICHNIS

EINLEITUNG

Die Japaner haben dank ihrer beneidenswerten Technologiepalette schon immer die Aufmerksamkeit der Welt genossen. Und ihre Küche ist ein weiterer Bereich, der von vielen sehr bewundert wird, aber nicht jeder hat ein Verständnis für die Kreativität der Speisekammer. Nun, das wird sich bald ändern, denn Sie werden durch 100 unglaubliche und einfache japanische Ramen-Gerichte geführt, die Sie zu Hause zubereiten können. Damit können Sie endlich die Augen schließen und das endlose japanische Aroma in der Luft genießen.

Die japanische Küche umfasst hauptsächlich die territorialen und konventionellen Gerichte Japans, die sich über Hunderte von Jahren politischer, monetärer und sozialer Veränderungen entwickelt haben. Die übliche Küche Japans basiert auf Reis mit Miso-Suppe und verschiedenen Gerichten; es gibt eine Betonung auf saisonalen Zutaten.

GRUNDLEGENDE BRÜHENREZEPTE

1. Tonyu-Brühe

Zutaten:

- 500 g Putenknochen (gebrochen)

- 1 Liter Sojamilch

- 20 g Ingwer (in Scheiben)

- 1 Stange Lauch (fein gehackt)

- Salz

- 400ml Wasser

Richtungen:

a) Nehmen Sie einen großen Topf und fügen Sie die Putenknochen, Lauch, Ingwer und 400 ml Wasser hinzu.

b) Alles ca. 15 Minuten bei geschlossenem Deckel garen lassen.

c) Öffnen Sie den Deckel und warten Sie, bis die Brühe auf ca. 100-150 ml.

d) Die Sojamilch hinzugeben und weitere 10 Minuten kochen lassen. Achtung: Sojamilch brennt leicht an.

e) Die Brühe abseihen. Je 235 ml in eine Suppenschüssel geben. Nudeln und Toppings nach Belieben hinzufügen.

2. Miso-Brühe

Zutaten:

- 1 mittelgroße Karotte (geschält und grob gehackt)
- $\frac{1}{2}$ Zwiebel (geschält und grob gehackt)
- $\frac{1}{2}$ Apfel (entkernt, geschält und grob geschnitten)
- 1 Stange Sellerie (grob geschnitten)
- 3 Knoblauchzehen (geschält)
- 120 ml Kokosöl
- 2 Esslöffel Sesamöl
- 340 g Hackfleisch
- 2 Teelöffel frischer Ingwer (in Scheiben geschnitten)
- 1 Teelöffel Siracha
- 2 Esslöffel Sojasauce
- 1 Teelöffel Apfelessig
- 1 Teelöffel Salz
- 1 Esslöffel Sesam
- 175 ml Shiro Miso (weißes Miso, leicht und süß)
- 175 ml Akamiso Miso (rotes Miso, dunkel und salzig)
- 475 ml Hühner- oder Gemüsebrühe

Richtungen:

a) Karotte, Zwiebel, Apfel und Selleriestange fein einhaken.

b) Kokosöl und 1 Teelöffel Sesamöl in einer großen Pfanne bei mittlerer Hitze erhitzen. Dann wird das geschnittene Gemüse und Obst in der Pfanne ca. 10-12 Minuten angebraten, bis die Zwiebel glasig und der Apfel leicht gebräunt ist. Dann die Hitze etwas reduzieren.

c) Den Met in die Pfanne geben und etwa 8-10 Minuten warten, bis der Met nicht mehr rosa ist. Ingwer, Sojasauce, Apfelessig und Salz dazugeben und alles gut verrühren.

d) Die ganze Mischung in die Küchenmaschine geben, bis das Fleisch fein gemahlen ist. Alternativ können Sie z. B. einen Kartoffelstampfer verwenden.

e) Fügen Sie die Sesamsamen und das Miso zur Mischung hinzu und rühren Sie gut um. Die Konsistenz sollte wie eine dicke Paste sein. Dies schafft die Miso-Grundlage.

f) Die Gemüse- oder Hühnerbrühe zum Kochen bringen. Füge 6 Teelöffel Miso-Foundation hinzu.

g) Die fertige Suppe in zwei Schalen (je ca. 235 ml) geben und nach Belieben Nudeln und Toppings hinzufügen.

3. Dashi-Brühe

Zutaten:

- 10 g Kombu

- 10 g Bonitoflocken

- 720 ml Wasser

Richtungen:

a) Nehmen Sie einen Topf mit min. 500 ml Fassungsvermögen und geben Sie die Bonitoflocken in einen Topf und Kombu in den anderen.

b) Beide Töpfe zum Kochen bringen und dann 1 Stunde köcheln lassen.

c) Zum Schluss die Zutaten abseihen und die beiden Sude zusammen zugeben.

d) Je 235 ml in eine Suppenschüssel geben. Nudeln und Toppings nach Belieben hinzufügen.

4. Tonkotsu-Brühe

Zutaten:

- Seabura (gekochte Schweinelende)

- 700 g Schweinerücken, in Streifen geschnitten

- Wasser

Tonkotsu-Brühe

- 225 g Hühnerfüße (gewaschen, ohne Haut und Zehen)

- 3,6 - 4,5 kg Schweinshaxe (gebrochen, für Knochenmark)

- 455 g Kartoffeln (geschält und grob geschnitten)

- 4,7 Liter Wasser

- Shiodare (für den salzigen Geschmack)

- 1 großes rechteckiges Stück Kombu (ca. 25 cm lang, grob geschnitten)

- 2 kleine getrocknete Shiitake-Pilze (zerkleinert)

- 946 ml Wasser

- 2 Teelöffel Bonitoflocken

- 300 g Teppichmuscheln

- 140 g Salz

- Shoyudare (für den Sojasaucen-Geschmack)

Richtungen:

a) Bevor Sie beginnen, bereiten Sie Chashu vor.

b) Beginnen Sie mit dem Seabura: Legen Sie die Schweinelende in einen Topf und bedecken Sie sie mit Wasser. Das Wasser kurz aufkochen und 4 Stunden köcheln lassen.

c) Kochen der Tonkotsu-Brühe: Kochen Sie das Wasser in einem separaten Topf. Die Hühnerfüße blanchieren, abtrocknen und zusammen mit der Schweinshaxe und den Kartoffeln in einen Schnellkochtopf geben. Alles mit 4,7 Liter Wasser bedecken. Achte darauf, dass das Wasser und andere Zutaten nicht mehr als die Hälfte deines Topfes füllen.

d) Erhitzen Sie den Topf, bis Dampf aus dem Druckventil entweicht (dies kann bis zu 20 Minuten dauern). Warten Sie ca. 10 Minuten bis der Topf mit Dampf gefüllt ist. Stellen Sie die Hitze auf die höchste Stufe und lassen Sie es eine Stunde kochen.

e) Zubereitung der Shiodare: Nehmen Sie einen mittelgroßen Topf und bringen Sie das Kombu, die Shiitake-Pilze und 950 ml Wasser zum Kochen. Reduzieren Sie die Hitze und waren etwa 5 Minuten. Nehmen Sie die Kombu- und Shiitake-Pilze heraus und geben Sie die Flüssigkeit in einen sauberen, mittelgroßen Topf.

f) Bonitoflocken in die Flüssigkeit geben, aufkochen. 5 Minuten köcheln lassen. Die Bonitoflocken auspressen und aus der Suppe entfernen. Die Suppe in einen sauberen mittelgroßen Topf geben.

g) Bringen Sie die Suppe zum Kochen und fügen Sie die Teppichmuscheln hinzu. 5 Minuten köcheln lassen. Die Muscheln mit einem Sieb entfernen. Einen Liter der Brühe in einen neuen Topf umfüllen und das Salz (140 g) hinzufügen.

h) Nach einer Stunde den Schnellkochtopf vom Herd nehmen und den Druck ablassen. Die Schweineknochen zerdrücken, um das Knochenmark freizulegen. Das Ganze noch eine Stunde bei niedriger Temperatur garen, dabei immer wieder umrühren.

i) Geben Sie jeweils einen Teelöffel Chashu und Shiodare in die Suppentassen, die Sie mit der Mahlzeit verwenden möchten.

j) Den köchelnden Schweinerücken vom Herd nehmen und das Wasser abgießen. Das Fleisch in kleinere Stücke (ca. 5 cm) schneiden. Drücken Sie das ganze Fleisch Stück für Stück durch ein grobes Sieb, um es zu zerkleinern. Seabura ist bereit.

k) Die Suppe aus dem Schnellkochtopf abseihen und in einen separaten Topf geben und warm halten. Die Suppe kurz vor dem Servieren noch einmal aufkochen.

l) Chashu in 6 mm große Stücke schneiden und in einer Pfanne knusprig braten.

m) Geben Sie zum Abschluss Ihrer Suppe die kochend heiße Tonkotsu-Suppe (235 ml) in die Suppenschüssel. Fügen Sie jeder Portion einen Teelöffel Seabura hinzu. Nudeln und Toppings nach Belieben hinzufügen.

5. Shoyu-Brühe

Zutaten:

- 4 Teelöffel Kokosöl

- 2 mittelgroße Karotten (geschält und grob gehackt)

- $\frac{1}{2}$ Zwiebel (geschält und grob gehackt)

- 3 Frühlingszwiebeln (in Scheiben)

- 1 Apfel (entkernt, geschält und grob geschnitten)

- 2 Selleriestangen (grob geschnitten)

- 5 Knoblauchzehen (geschält)

- 5 getrocknete Shiitake-Pilze (in kleine Stücke gebrochen)

- 1 ganzes Huhn

- 4 Ochsenschwanzstücke (je ca. 5 cm)

- 1 Zitrone (geviertelt)

- 2,2 Liter natriumarme Hühnerbrühe

- 175 ml Sojasauce

- 4 Esslöffel Dashi-Granulat

- 2 Teelöffel Salz

- $\frac{1}{2}$ Teelöffel weißer Pfeffer

- 1 Lorbeerblatt

Richtungen:

a) Kokosöl, Karotten, Zwiebel, Apfel, Sellerie, Konoblauch und den getrockneten Shiitake-Haufen in die Auflaufform geben.

b) Fügen Sie dann das ganze Hähnchen, den Ochsenschwanz und die Zitrone hinzu. Den Dutch Oven für 8-10 Stunden in den Ofen stellen und auf 90°C erhitzen. Wenn sich der Ochsenschwanz leicht vom Knochen löst, ist er fertig.

c) Verwenden Sie einen geschlitzten Löffel, um die gröberen Stücke zu entfernen. Den Rest in einen großen Topf abseihen. Sie sollten jetzt eine braune, glänzende, fettreiche Suppe haben.

d) Die Suppe in einem Topf zum Kochen bringen. Geben Sie 235 ml der Suppe in jede Suppenschüssel. Nudeln und Toppings nach Belieben hinzufügen.

6. Shio-Brühe

Zutaten:

- 1 mittelgroße Karotte (geschält und grob gehackt)
- $\frac{1}{2}$ Zwiebel (geschält und grob gehackt)
- 3 Frühlingszwiebeln (in Scheiben)
- $\frac{1}{2}$ Apfel (entkernt, geschält und grob geschnitten)
- 1 Selleriestange (geschnitten)
- 3 Knoblauchzehen
- 5 frische Shiitake-Pilze
- 120 ml Kokosöl
- 1 Teelöffel Sesamöl
- 3 Esslöffel Dashi-Granulat
- 2 Teelöffel Salz

Brühe:

- 2 Teelöffel ungesalzene Butter (pro Portion)
- Natriumarme Hühner- oder Gemüsebrühe (235 ml pro Portion)
- Mirin (süßer Reiswein; 2 Teelöffel pro Portion)
- 1 großes rechteckiges Stück Kombu (ca. 25 cm lang, grob geschnitten)

- Getrocknete Shiitake-Pilze (zerkleinert; 2 Pilze pro Portion)

Richtungen:

a) Karotte, Zwiebel, Frühlingszwiebel, Apfel, Knoblauchzehen und die frischen Shiitake-Pilze in eine Küchenmaschine geben und alles zerkleinern, bis eine Paste entsteht.

b) Kokosöl und Sesamöl in einem mittelgroßen Topf bei mittlerer Hitze erhitzen. Die Obst- und Gemüsepaste dazugeben und ca. 10-12 Minuten garen. Dann das Dashi-Granulat und das Salz hinzugeben. Gut umrühren.

c) Für die Brühe die Butter in einen großen Topf geben und auf mittlere Hitze stellen. Wenn die Butter anfängt, leicht braun zu werden und nussig zu riechen, die Hühner- oder Gemüsebrühe, Mirin, Kombu und getrocknete Shiitake-Pilze hinzugeben. Bring es zum Kochen.

d) Dann die Hitze reduzieren und 15 Minuten köcheln lassen. Verwenden Sie einen geschlitzten Löffel, um die gröberen Stücke zu entfernen. Fügen Sie das Shio-Gemüse und die Fruchtbasis hinzu.

e) Je 235 ml in eine Suppenschüssel geben. Nudeln und Toppings nach Belieben hinzufügen.

7. Vegane Dashi-Brühe

Zutaten:

- 25 g Shiitake-Pilze (getrocknet)
- 10 g Kombu
- 1 Liter Wasser

Richtungen:

a) Nehmen Sie einen Topf mit min. 500 ml Fassungsvermögen und geben Sie den Shiitake Pile in einen Topf und Kombu in den anderen.

b) Beide Töpfe zum Kochen bringen und dann 1 Stunde köcheln lassen.

c) Zum Schluss die Zutaten abseihen und die beiden Sude zusammen zugeben.

d) Je 235 ml in eine Suppenschüssel geben. Nudeln und Toppings nach Belieben hinzufügen.

8. Vegetarische Kotteri-Brühe

Portionen: 8

Zutaten:

- 500 g Butternusskürbis (ca. 300 g geschält und grob geschnitten)

- 2 Zwiebeln (geschält und grob gehackt)

- 3 Knoblauchzehen (geschält)

- 100 g frische Shiitake-Pilze

- 6 getrocknete Shiitake-Pilze

- 6-8 g Kombu

- 2 Liter Wasser

- 2 Teelöffel Paprikapulver

- 2 Esslöffel Ingwer (gehackt)

- 75 ml Sojasauce

- 4 WL Misopaste

- 3 Esslöffel Reisessig

- 3 Esslöffel Kokosöl

- 2 Teelöffel Salz

- Olivenöl

Richtungen:

a) Backofen auf 250 °C vorheizen.

b) Nehmen Sie einen großen Topf und bringen Sie etwa 2 Liter Wasser zum Kochen. Fügen Sie die getrockneten Shiitake-Pilze und Kombu hinzu. Hitze reduzieren und alles ca. 1 Stunde köcheln lassen.

c) Kürbis, Zwiebeln, Knoblauch und die frischen Shiitake-Pilze mit etwas Olivenöl und Paprika mischen und auf einem Backblech verteilen.

d) Garen Sie das Gemüse im Ofen für ca. 15

e) Protokoll. Die Temperatur auf 225 °C reduzieren und weitere 15 Minuten garen.

f) Nachdem die Brühe eine Stunde gekocht hat, die Pilze und Kombu entfernen und das Gemüse und den Ingwer hinzufügen. Die Brühe bei geschlossenem Deckel 20 Minuten köcheln lassen.

g) Brühe fein pürieren.

h) Dann Misopaste, Sojasauce, Reisessig, Kokosöl und Salz dazugeben und die Brühe nochmals pürieren. Bei Bedarf kann die Brühe mit Wasser verdünnt werden.

i) Je 235 ml in eine Suppenschüssel geben. Nudeln und
Toppings nach Belieben hinzufügen.

9. Umami-Gemüsebrühe

Portionen: 12

Zutaten:

- 2 Esslöffel helle Misopaste

- 2 Esslöffel Rapsöl

- 2 Esslöffel Wasser

- 2 Zwiebeln (geschält und fein gehackt)

- 2 Karotten (geschält und fein gehackt)

- 4 Selleriestangen (fein gehackt)

- 1 Stange Lauch (fein gehackt)

- 1 Fenchelknolle (fein gehackt)

- 5 Korianderwurzeln

- 1 Knoblauchzehe (halbiert)

- $\frac{1}{2}$ Bund glatte Petersilie

- 5 getrocknete Shiitake-Pilze

- 20 g Kombu

- 2 Teelöffel Salz

- 1 Teelöffel schwarzer Pfeffer

- 2 Lorbeerblätter

- $\frac{1}{2}$ Teelöffel gelbe Senfkörner

- $\frac{1}{2}$ Teelöffel Koriandersamen

- 3,5 Liter Wasser

Richtungen:

a) Die Misopaste mit dem Rapsöl und 2 EL Wasser verrühren und beiseite stellen.

b) Gemüse, Kombu und Shiitake-Pilze auf ein Backblech legen. Die gemischte Miso-Paste darüber träufeln. Das Ganze für 1 Stunde bei 150°C im Ofen lassen. Zwischendurch wenden.

c) Dann das geröstete Gemüse in einen großen Topf geben. Die Gewürze zugeben und mit Wasser aufgießen. Alles zum Kochen bringen, Hitze reduzieren und dann 1,5 Stunden köcheln lassen.

d) Je 235 ml in eine Suppenschüssel geben. Nudeln und Toppings nach Belieben hinzufügen.

10. Klare Zwiebelsuppe

Portionen: 6

Zutaten

- 6 Tassen Gemüsebrühe (kann auch Hühner- oder Rinderbrühe oder eine Kombination aus beidem verwenden, wenn Sie eine haben. Achten Sie darauf, eine natriumarme Sorte zu verwenden)

- 2 Zwiebeln (gewürfelt)

- 1 Stangensellerie (gewürfelt)

- 1 Karotte (geschält und gewürfelt)

- 1 Esslöffel Knoblauch (gehackt)

- $\frac{1}{2}$ Teelöffel Ingwer (gehackt)

- 1 Teelöffel Sesamöl

- 1 Tasse Champignons (sehr dünn geschnitten)

- $\frac{1}{2}$ Tasse Frühlingszwiebeln (in Scheiben geschnitten)

- Salz und Pfeffer zu schmecken

- nach Geschmack Sojasauce (optional)

- um Sriracha zu probieren (optional)

Richtungen

a) Die Zwiebeln in einem Topf in etwas Öl anschwitzen, bis sie leicht karamellisieren. Ungefähr 10 Minuten.

b) Fügen Sie die Karotte, den Sellerie, den Knoblauch und den Ingwer, das Sesamöl und die Brühe hinzu. Mit Salz und Pfeffer abschmecken.

c) Zum Kochen bringen und dann 30 Minuten köcheln lassen.

d) Das Gemüse aus der Brühe abseihen.

e) Geben Sie eine Handvoll Frühlingszwiebeln und in dünne Scheiben geschnittene Pilze in die Schüsseln. Suppe darüber schöpfen.

f) Optional: Fügen Sie je nach Geschmack einen Spritzer Sojasauce und Sriracha hinzu.

FRÜHSTÜCK

11. Ramen-Omelett

Portionen: 6

Zutaten

- 2 (3 oz.) Packungen Ramen-Nudeln, gekocht

- 6 Eier

- 1 rote Paprika, gehackt

- 1 große Karotte, gerieben

- 1/2 C. Parmesankäse, gerieben

Richtungen

a) Holen Sie sich eine Rührschüssel: Mischen Sie darin die Eier mit 1 Packung Ramen-Gewürz.

b) Nudeln, Paprika und Karotten dazugeben. Mischen Sie sie gut.

c) Bevor Sie etwas anderes tun, heizen Sie den Ofen auf 356 F vor.

d) Eine Muffinform mit etwas Butter oder Kochspray einfetten. Den Teig in die Förmchen füllen.

e) Die Muffins mit dem Parmesan bestreuen. Backe die Muffins für 16 Minuten im Ofen. Servieren Sie sie warm. Genießen.

12.   Marinierte Eier für Ramen

Portionen: 1

Zutaten

- 6 Eier

- 1 Esslöffel Reisessig

- 2 Esslöffel Sojasauce

- 1 Teelöffel Zucker

- 1/2 Teelöffel Sesamöl

Richtungen

a) Stellen Sie einen Topf auf mittlere Hitze. Legen Sie die Eier hinein und bedecken Sie sie mit Wasser. Kochen Sie sie, bis sie zu kochen beginnen.

b) Schalten Sie die Hitze aus und setzen Sie den Deckel auf. Lassen Sie die Eier 10 Minuten ruhen. Nach Ablauf der Zeit die Eier abgießen und in eine Schüssel geben. Mit etwas kaltem Wasser bedecken und 6 Minuten ruhen lassen. Schäle sie und lege sie beiseite.

c) Holen Sie sich einen kleinen schweren Topf: Rühren Sie darin Essig, Sojasauce, Zucker und Sesamöl, um die Marinade herzustellen.

d) Kochen Sie sie bei mittlerer Hitze, bis sie zu kochen beginnen. Schalten Sie die Hitze aus und stellen Sie die Marinade beiseite, bis sie warm wird.

e) Legen Sie die Eier in ein großes Einmachglas und gießen Sie die Marinade darüber. Verschließen Sie es und legen Sie es für 1 Tag beiseite.

f) Wenn die Zeit abgelaufen ist, lassen Sie die Eier abtropfen und servieren Sie sie zu Ihren Ramen.

g) Genießen.

13. Hiroshima Okonomiyaki

Portionen: 2

Zutaten:

- Wasser, zwei Esslöffel
- Eier, drei
- Speck, sechs Streifen
- Kohl, 150g
- Okonomiyaki-Mehl, halbe Tasse
- Okonomiyaki-Sauce, zwei Esslöffel
- Bonitoflocken nach Bedarf
- Yakisoba-Nudeln, zwei Tassen
- Eingelegter Ingwer, ein Teelöffel
- Aonori-Algen nach Bedarf

Richtungen:

a) Mischen Sie das Okonomiyaki-Mehl mit dem Wasser und einem Ei, bis Sie einen glatten Teig ohne Klumpen haben.

b) Etwas weniger als die Hälfte des Teigs in einem schönen gleichmäßigen Kreis in eine Pfanne geben.

c) Die Hälfte des Kohls und die Hälfte der Sojasprossen auf den Teig geben und dann den Speck.

d) Gießen Sie einen Esslöffel des Teigs auf die Mischung und lassen Sie ihn vor dem Wenden etwa zehn Minuten kochen.

e) Kochen Sie eine Portion Yakisoba und geben Sie das Okonomiyaki auf die Nudeln.

f) Schlagen Sie ein Ei in einer Schüssel auf und brechen Sie das Eigelb, bevor Sie es in die erste Pfanne neben das Okonomiyaki gießen.

g) Legen Sie das Okonomiyaki über das Ei und lassen Sie es zwei Minuten kochen.

h) Garnieren und servieren.

14.   Japanisches Omelett

Portionsgröße: 1

Zutaten:

- Sojasauce, ein Esslöffel
- Eier, vier
- Zucker, ein Esslöffel
- Mirin, ein Esslöffel
- Salz, nach Bedarf
- Speiseöl, nach Bedarf

Richtungen:

a) Fügen Sie je einen Esslöffel Sojasauce, Mirin und Zucker sowie etwas Salz zu Ihrer Eiermischung hinzu.

b) Geben Sie eine kleine Menge Speiseöl in Ihre Pfanne und bringen Sie es auf mittlere Hitze. Halten Sie etwas Küchenrolle bereit, um die Pfanne während des Kochens geölt zu halten.

c) Geben Sie eine kleine Menge Ihrer Eiermischung in die erhitzte Pfanne. Sobald das Ei leicht gekocht ist, so dass die Oberseite noch leicht ungekocht ist, schieben Sie es an den Rand Ihrer Pfanne.

d) Mit der Küchenrolle etwas mehr Öl in die Pfanne geben und eine weitere kleine Menge der Eiermischung in die Pfanne geben.

:) Sie können dann beginnen, das erste Stück Ei über die Mischung zu rollen, die Sie gerade in die Pfanne gegeben haben, bis Sie eine kleine Eirolle haben.

15. Pfannkuchen nach japanischer Art

Portionsgröße: 4

Zutaten:

- Milch, eineinhalb Tassen
- Backpulver, zwei Teelöffel
- Zucker, drei Esslöffel
- Koscheres Salz, halbe Teelöffel
- Ungesalzene Butter, vier Esslöffel
- Eier, vier
- Vanilleextrakt, ein Teelöffel
- Weinstein, ein Viertel Teelöffel
- Ahornsirup nach Bedarf
- Allzweckmehl, eineinhalb Tassen

Richtungen:

a) Mehl, Zucker, Backpulver und Salz in einer großen Schüssel verquirlen.

b) Milch, geschmolzene Butter, Vanille und Eigelb in einer mittelgroßen Schüssel verquirlen, bis alles vermischt ist.

c) Eiweiß und Weinstein in einer anderen großen Schüssel schlagen.

d) Rühren Sie die Milchmischung in die Mehlmischung, bis sie sich gerade verbunden hat. Dann das restliche Eiweiß vorsichtig unterheben, bis es sich gerade vermischt hat.

e) Legen Sie die vorbereiteten Ringformen in die Mitte der Pfanne und füllen Sie jede mit einer halben Tasse Teig.

f) Auf beiden Seiten goldbraun backen.

16. Japanische Frühstücksreisschüssel

Portionsgröße: 1

Zutaten:

- Ei, eins
- Dünn geschnittenes Nori nach Bedarf
- Hondashi, eine Prise
- Mirin, halbe Teelöffel
- Sojasauce, halbe Teelöffel
- MSG, eine Prise
- Furikake, nach Bedarf
- Gekochter weißer Reis, eine Tasse

Richtungen:

a) Reis in eine Schüssel geben und in der Mitte eine flache Schaufel machen.

b) Brechen Sie das ganze Ei in die Mitte.

c) Mit einem halben Teelöffel Sojasauce, einer Prise Salz, einer Prise MSG, einem halben Teelöffel Mirin und einer Prise Hondashi würzen.

d) Mit Stäbchen kräftig umrühren, um das Ei einzuarbeiten; Es sollte blassgelb, schaumig und flauschig in der Textur werden.

e) Abschmecken und nach Bedarf würzen.

f) Mit Furikake und Nori bestreuen, oben eine kleine Kugel machen und das andere Eigelb hinzufügen.

g) Ihr Gericht ist servierbereit.

17. Tamagoyaki

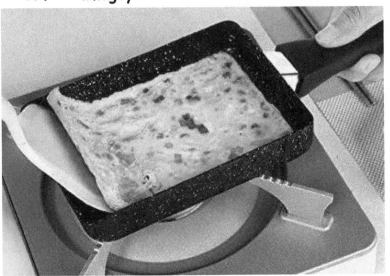

Portionsgröße: 2

Zutaten:

- Eier, drei
- Olivenöl, ein Teelöffel
- Shirodashi, zwei Teelöffel
- Salz, Prise
- Wasser, zwei Esslöffel

Richtungen:

a) Die Eier in eine mittelgroße Rührschüssel aufschlagen.

b) Fügen Sie Gewürze hinzu und mischen Sie alles vorsichtig zusammen, um zu vermeiden, dass sich zu viele Blasen bilden.

c) Die Eiermasse einige Male durch ein Sieb streichen.

d) Etwa zwei Esslöffel Öl in eine kleine Schüssel geben und Küchenpapier einweichen und beiseite stellen.

e) Erhitzen Sie zwei Teelöffel Olivenöl in der Bratpfanne bei mittlerer Hitze, bis Sie die Hitze spüren, wenn Sie Ihre Hand über die Pfanne halten.

f) Gießen Sie ein Viertel der Eiermischung in die Pfanne.

g) Bläschen, die sich gebildet haben, mit der Kante der Essstäbchen aufbrechen und vorsichtig und leicht rühren.

18. Japanisches Ei-Omelette-Sandwich

Portionsgröße: 2

Zutaten:

- Eier, zwei
- Japanische Suppenbrühe, halbe Teelöffel
- Heißes Wasser, ein Teelöffel
- Sojasauce, ein Teelöffel
- Mayonnaise, nach Bedarf
- Brotscheiben, vier
- Öl zum braten
- Salz, Prise
- Pfeffer, nach Bedarf

Richtungen:

a) Den japanischen Suppenfond in heißem Wasser schmelzen und kühl stellen.

b) Alle Zutaten mit einem Schneebesen verrühren.

c) Öl dünn in einen 12 cm × 12 cm großen hitzebeständigen Behälter geben.

d) Wickeln Sie den Behälter ein und erwärmen Sie ihn eine Minute und dreißig Sekunden in der Mikrowelle.

e) Nehmen Sie es heraus und bewahren Sie es kühl auf. Überschüssige Feuchtigkeit mit Küchenpapier abwischen.

f) Die Mayonnaise auf einer Seite der Brote verteilen. Omelette anrichten und in vier Stücke schneiden.

g) Ihr Gericht ist servierbereit.

19. Japanisches gerolltes Omelett

Portionsgröße: 4

Zutaten:

- Eier, sechs
- Daikon, zum Servieren
- Sojasauce, ein Teelöffel
- Salz, ein Teelöffel
- Mirin, ein Esslöffel
- Puderzucker, ein Esslöffel
- Shiso geht nach Bedarf
- Öl zum braten

Richtungen:

a) Die Dashi-Brühe mit Mirin, Zucker, Sojasauce und Salz verrühren.

b) Zu den geschlagenen Eiern geben und gut verrühren. Die Omelettpfanne bei mittlerer Hitze erhitzen.

c) Gießen Sie etwas Eimischung hinein und kippen Sie die Pfanne, um sie gleichmäßig zu beschichten.

d) Lassen Sie das gerollte Omelett in der Pfanne und schieben Sie es auf die am weitesten von Ihnen entfernte Seite zurück.

e) Gießen Sie wieder etwas Eimasse in die leere Seite, heben Sie die erste Rolle mit Stäbchen an und lassen Sie die Eimasse darunter laufen.

f) Wiederholen Sie den Vorgang, bis die gesamte Eimischung aufgebraucht ist.

20.   Hiroshima Okonomiyaki

Portionsgröße: 2

Zutaten:

- Wasser, zwei Esslöffel
- Eier, drei
- Speck, sechs Streifen
- Kohl, 150g
- Okonomiyaki-Mehl, halbe Tasse
- Okonomiyaki-Sauce, zwei Esslöffel
- Bonitoflocken nach Bedarf
- Yakisoba-Nudeln, zwei Tassen
- Eingelegter Ingwer, ein Teelöffel
- Aonori-Algen nach Bedarf

Richtungen:

a) Mischen Sie das Okonomiyaki-Mehl mit dem Wasser und einem Ei, bis Sie einen glatten Teig ohne Klumpen haben.

b) Etwas weniger als die Hälfte des Teigs in einem schönen gleichmäßigen Kreis in eine Pfanne geben.

c) Die Hälfte des Kohls und die Hälfte der Sojasprossen auf den Teig geben und dann den Speck.

d) Gießen Sie einen Esslöffel des Teigs auf die Mischung und lassen Sie ihn vor dem Wenden etwa zehn Minuten kochen.

e) Kochen Sie eine Portion Yakisoba und geben Sie das Okonomiyaki auf die Nudeln.

f) Schlagen Sie ein Ei in einer Schüssel auf und brechen Sie das Eigelb, bevor Sie es in die erste Pfanne neben das Okonomiyaki gießen.

g) Legen Sie das Okonomiyaki über das Ei und lassen Sie es zwei Minuten kochen.

h) Garnieren und servieren.

VORSPEISEN UND SNACKS

21. Kekse mit Minznudeln

Portionen: 24

Zutaten

- 4 (3 oz.) Päckchen Ramen-Nudeln, ungekocht

- 1 (16 oz.) Beutel dunkle Schokoladenstückchen

- 12-14 Tropfen Pfefferminzextrakt

- 1-2 Tropfen Krauseminzextrakt

- 1-2 Tropfen Wintergrünextrakt

- 24 Lollipop-Sticks

- 1/2 Teelöffel Butter (optional)

Richtungen

a) Die Nudeln in Stücke brechen und in eine Rührschüssel geben. Stellen Sie einen Topf bei schwacher Hitze auf. Rühren Sie darin die Schokoladenstückchen mit Butter, bis sie schmelzen.

b) Minzextrakt einrühren. Kochen Sie sie für 1 Minute. Gießen Sie die Mischung über die Nudeln und mischen Sie sie gut.

c) Verwenden Sie einen großen Esslöffel, um die Mischung in Form von Keksen auf ein ausgekleidetes Backblech zu löffeln. Stellen Sie die Pfanne für mindestens 1 h in den Kühlschrank. Servieren Sie Ihre Kekse mit Ihren Lieblingsbelägen.

d) Genießen.

22. Gebratene Ramen-Ringe

Portionen: 1

Zutaten

- Teig zum Braten, 2 C reservieren.

- 1 C. selbstaufgehendes Mehl

- 1 Teelöffel Salz

- 1/4 Teelöffel Pfeffer

- 2 Eier, geschlagen

- 1 C. Bier oder Milch

- Zwiebeln

- 2 (3 oz.) Packungen Ramen-Nudeln, Packung reserviertes Öl, zum Braten

- 1 große Vidalia-Zwiebel, beringt

Richtungen

a) Besorgen Sie sich eine große Rührschüssel: Verquirlen Sie darin Mehl, Eier, Bier, eine Prise Salz und Pfeffer.

b) Holen Sie sich eine Küchenmaschine: Schneiden Sie die einen Ramen in zwei Hälften und verarbeiten Sie sie darin, bis sie gemahlen werden. Fügen Sie es dem Mehlteig hinzu und mischen Sie sie gut. Die anderen Ramen fein zerdrücken und in eine flache Schüssel geben. Fügen Sie das Gewürzpaket hinzu und mischen Sie sie gut.

c) Stellen Sie eine große Pfanne auf mittlere Hitze. Füllen Sie 3/4 Zoll davon mit Öl und erhitzen Sie es.

d) Die Zwiebelringe mit dem Mehlteig bestreichen und in die zerdrückte Nudelmischung tunken. Legen Sie sie in das heiße Öl und kochen Sie sie, bis sie goldbraun sind.

e) Servieren Sie Ihre Zwiebelringe mit Ihrem Lieblingsdip.

f) Genießen.

23. Faux-Peperoni-Ramen-Pizza

Portionen: 6

Zutaten

- 1 (3 oz.) Packungen Ramen-Nudeln, jede Geschmacksrichtung

- 1 Esslöffel Olivenöl

- 1 (14 Unzen) Gläser Spaghetti-Sauce

- 1 C. fettarmer Mozzarella-Käse, geraspelt

- 3 Unzen. Putenpeperoni

- 1/2 Teelöffel getrockneter Oregano

Richtungen

a) Bevor Sie irgendetwas tun, heizen Sie den Ofengrill vor.

b) Die Nudeln nach Packungsanweisung ohne Gewürzpäckchen zubereiten. Lassen Sie es ab.

c) Stellen Sie eine große ofenfeste Pfanne auf mittlere Hitze. Öl darin erhitzen. Die Nudeln darin anbraten und 2 Minuten auf den Boden drücken, um die Kruste zu bilden.

d) Gießen Sie die Sauce über die Nudeln und belegen Sie sie mit 2 oz. Peperoni-Scheiben. Den Käse darüber streuen, gefolgt von den restlichen Peperoni und dem Oregano.

e) Übertragen Sie die Pfanne in den Ofen und kochen Sie sie für 2 bis 3 Minuten oder bis der Käse schmilzt.

f) Lassen Sie Ihre Pizza 6 Minuten lang die Hitze verlieren. Servier es.

g) Genießen.

24. Thailändisches Ramen-Rindfleisch-Satay

Portionen: 4

Zutaten

Marinade

- 2 Esslöffel Sojasauce

- 2 Esslöffel Limettensaft

- 1 1/2 Teelöffel Zucker

- 1 1/2 Teelöffel frischer Ingwer, gerieben, geschält

- 1 Knoblauchzehe, gerieben (optional)

- 1/4 Teelöffel rote Paprikaflocken (optional)

- 2 lbs. Flankensteaks, dünn gegen die Faser geschnitten

Erdnuss-Ramen-Glasur

- 1 Esslöffel Limettensaft

- 1 Teelöffel Zucker

- 1 Teelöffel frischer Ingwer, gerieben und geschält

- 1/3 C. cremige Erdnussbutter

- 1/3 C. Wasser

- 1 Esslöffel Sojasauce

- 1/4 Teelöffel rote Paprikaflocken (optional)

- 1/4 C. geröstete Erdnüsse, gehackt

- 3 Frühlingszwiebeln, in Scheiben geschnitten

- Pflanzenöl, zum Grillen

- 2 (3 oz.) Packungen Ramen-Nudeln, gekocht, Packung entfernt

Richtungen

a) 12 Holzspieße in etwas Wasser legen und 16 Minuten ruhen lassen. Holen Sie sich eine Bratpfanne: Mischen Sie darin je 2 Esslöffel Sojasauce und Limettensaft und je 1 1/2 Teelöffel Zucker und Ingwer, Knoblauch und/oder 1/4 Teelöffel optional rote Paprikaflocken, um die Marinade herzustellen.

b) Die Rindfleischscheiben in die Marinade geben und schwenken. Legen Sie sie für 12 Minuten beiseite.

c) Holen Sie sich eine Küchenmaschine: Kombinieren Sie darin 1 Esslöffel Limettensaft, 1 Teelöffel Zucker und 1 Teelöffel Ingwer mit Erdnussbutter und 1/3 C. Wasser. Verarbeite sie, bis sie glatt werden.

d) Fügen Sie den Rest der Sojasauce hinzu und verarbeiten Sie sie erneut. Gießen Sie die Mischung in eine kleine Rührschüssel.

e) Rühren Sie die gehackten Erdnüsse und Frühlingszwiebeln und optional die restlichen 1/4 Teelöffel Paprikaflocken hinein, um die Sauce zuzubereiten. Bevor Sie irgendetwas anderes tun, heizen Sie den Grill vor und fetten Sie ihn ein.

f) Die Rindfleischscheiben abtropfen lassen und auf die Holzspieße stecken. Grillen Sie die Rindfleischscheiben auf dem Grill 4 bis 5 Minuten auf jeder Seite.

g) Die Nudeln in Servierschalen füllen. Die Erdnusssauce darüber träufeln und das gegrillte Rindfleisch darauf verteilen. Heiß servieren. Genießen.

25. Schein-Ramen-Pot-Pie

Portionen: 4

Zutaten

- 2 (3 oz.) Packungen Ramen-Nudeln

- 1 Pfund Hackfleisch

- 1 (15 oz.) Dosen Zuckermais

- 1/2 C. Zwiebel, gehackt

- Pflanzenöl

Richtungen

a) Bevor Sie etwas tun, heizen Sie den Ofen auf 350 F vor.

b) Bereiten Sie die Nudeln gemäß den Anweisungen auf der Verpackung zu. Stellen Sie eine große Pfanne auf mittlere Hitze. Einen Spritzer Öl darin erhitzen. Darin das Rindfleisch mit Zwiebeln 12 Minuten garen.

c) Die Mischung auf dem Boden einer gefetteten Backform verteilen. Nach dem Abtropfen den Zuckermais und die Ramen-Nudeln darauf verteilen.

d) Den Auflauf in den Ofen stellen und 14 bis 16 Minuten garen. Servier es

26. Japanische würzige weiße Sauce

Zutaten

- 2 ¼ Tasse japanische Mayonnaise
- 1 ¼ Teelöffel Knoblauchpulver
- 1 Tasse. Ketchup
- 1 Esslöffel Paprika
- 3 ¼ Esslöffel Zucker
- 2 Teelöffel Zwiebelpulver
- 1 ¼ Teelöffel Cayennepfeffer
- 1 Teelöffel Meersalz
- 1 ½ Teelöffel Sriracha-Sauce
- 1 Tasse. Wasser

Richtungen

a) In eine saubere große Schüssel alle Zutaten geben

b) Rühren und schlagen Sie gut, um zu mischen, bis es klumpenfrei ist

c) Stellen Sie es in den Kühlschrank, bis Sie bereit sind, es zu verwenden

d) Servieren Sie es mit Reis, Nudeln oder Gemüsesalatdressing

27.   Japanische Lachs- und Gurkenbisse

Zutaten

a) 1 Gurke. Kühn geschnitten

b) $\frac{1}{2}$ Pfund Lachsfilet

c) 1 $\frac{1}{4}$ Teelöffel Sojasauce

d) 2 Esslöffel Frühlingszwiebeln. Fein gehackt

e) 1 Teelöffel Mirin

f) 1 Ichimi Togarashi (japanische Chilischote)

g) 1 Teelöffel Sesamöl

h) $\frac{1}{2}$ Teelöffel schwarzer Sesam

Richtungen

i) Mischen Sie in einer kleinen Rührschüssel Lachs, Sojasauce, Frühlingszwiebeln, Sesamöl und Mirin.

j) Legen Sie die Gurkenscheiben auf eine Platte, löffeln Sie eine Kugel Lachs darauf und beträufeln Sie die restlichen Frühlingszwiebeln und Sesamsamen

28. Japanische Keto-Okra-Schüssel

Zutaten

- 2 Okra-Finger
- 2 Esslöffel Sojasauce
- 2 Esslöffel Bonitoflocken
- 2 Esslöffel Swerve/Mönchsfrucht
- 2 Esslöffel Wasser
- 2 Esslöffel Sake
- 2 Teelöffel Sesam, geröstet
- 2 Esslöffel Bonitoflocken

Richtungen

a) Kochen Sie 2 Tassen Wasser auf einem Herd

b) In einem anderen Topf Sojasauce, Bonitoflocken, 2 Teelöffel Wasser, Sake einrühren, wenden und 1 Minute sautieren

c) Kehren Sie in das jetzt kochende Wasser zurück und werfen Sie die Okraschoten hinein, kochen Sie sie 3 Minuten lang oder bis sie weich sind

d) Abtropfen lassen und in kräftige Scheiben schneiden

e) Legen Sie die geschnittenen Okraschoten in eine Schüssel und gießen Sie die Sauce darüber

f) Mit Sesam und Bonitoflocken garnieren

29. Knuspriges Hähnchen mit Soße

Zutaten

- 1 Pfund Hähnchenschenkel oder -brust ohne Knochen. In Würfel oder Streifen schneiden
- 3 $\frac{1}{2}$ Teelöffel Sojasauce
- 2 Teelöffel frisch gepresster Ingwersaft
- 3 Esslöffel japanisches Mirin
- $\frac{1}{2}$ Tasse. Rapsöl zum Braten
- 8 Esslöffel japanischer Kochsake
- 3 Esslöffel Sesam
- $\frac{1}{4}$ Tasse. Maisstärke

Richtungen

a) Hühnchen in eine große Schüssel geben und mit Ingwersaft japanischem Sake, Sojasauce und Mirin würzen. 25 Minuten marinieren

b) Die Maisstärke über das Huhn träufeln und darauf achten, dass es gut mit Mehl bedeckt ist. Überschüssiges Mehl abstauben und auf eine Platte legen

c) Das Öl in einer Pfanne erhitzen und das Hühnchen frittieren

d) Mischen Sie 3 Teelöffel weiße Misopaste, 3 Esslöffel Mayonnaise, 3 Teelöffel japanischen Reisessig oder Apfelessig, eine Prise Salz und 2 Teelöffel Honig

e) Bringen Sie das Huhn heraus, wenn es durchgegart und braun ist

f) Mit dem Mayo-Dip oder Ihrer bevorzugten Sauce servieren

30. Japanische Potsticker

Zutaten

- 1-Unzen-Wan-Tan-Wrapper
- 1 ½ Tasse gehackter Kohl
- ½ Tasse. Asiatische Frühlingszwiebeln, gehackt
- ¼ Tasse. Möhren. Gehackt
- 1 Pfund Hackfleisch
- Sesamöl
- 1 Knoblauchzehe
- 1 Knoblauch, fein gehackt
- 1 Esslöffel Sojasauce
- 1 Ingwer, gerieben

Richtungen

a) Kombinieren Sie Schweinefleisch, Karotten, Kohl, Sesamöl, Knoblauch, Sojasauce und Ingwer, bis alles gut eingearbeitet ist.

b) Die Won-Tan-Wrapper auf einer bemehlten Plattform verteilen

c) Geben Sie einen Löffel Füllung auf die Mitte jedes Wraps

d) Die Wraps mit Wasser anfeuchten und jeweils zu einem Wrap falten

e) Passen Sie die Kanten an, um ein Muster zu erstellen

f) Knödel in erhitztes Öl legen und goldbraun frittieren oder im Dampfgartopf garen

31. Japanische Teriyaki-Fleischbällchen

Zutaten

- 1 (30 Unzen) Pck. gefrorene Fleischbällchen
- 1 (14 Unzen) Teriyaki-Sauce oder Sie machen Ihre
- Gekochter Reis
- 1 Tasse Ananasstücke

Richtungen

a) Bei mittlerer Hitze die aufgetauten Fleischbällchen und die Teriyaki-Sauce in eine große Pfanne geben

b) Die Ananaswürfel dazugeben und umrühren. Schalten Sie die Heizung aus

c) Schöpfen Sie eine beträchtliche Portion Reis an eine Stelle und gießen Sie die fertigen Fleischbällchen darüber

32. Japanische Sommersandwiches

Servieren: 2

Zutaten:

- Brotscheiben, sechs
- Erdbeere, eine Tasse
- Schlagsahne, eine Tasse

Richtungen:

a) Zuerst sollten Sie Ihr Brot zubereiten.

b) Entweder eine halbe Tasse Schlagsahne in einer Schüssel steif schlagen und gleichmäßig auf dem Brot verteilen.

c) Als nächstes waschen, die Stiele abschneiden und jede Erdbeere in der Mitte halbieren.

d) Ihr Sandwich ist servierbereit.

33. Frische Frühlingsrollen mit Sauce

Servieren: 4

Zutaten:

- Garnelen, halbes Pfund
- Grüne Bohnen, eine Tasse
- Minz- oder Korianderblätter nach Bedarf
- Reispapierhülle, zwölf
- Frühlingszwiebel, halbe Tasse
- Mayonnaise, zwei Esslöffel
- Bohnen-Chili-Paste, ein Teelöffel
- Misopaste, ein Teelöffel

Richtungen:

a) Füllen Sie einen kleinen Topf mit etwas Wasser und fügen Sie etwas Salz hinzu.

b) Die Garnelen hinzugeben und ca. 5 Minuten kochen, bis sie hellrosa sind.

c) In einem separaten Topf die grünen Bohnen fünf Minuten kochen.

d) Legen Sie das Reispapier auf ein sauberes Tuch.

e) Ordnen Sie die Minz- oder Korianderblätter auf dem Boden des Reispapiers an und legen Sie die Garnelenhälften in die Mitte.

f) Mit den grünen Bohnen und einem ganzen Schnittlauch oder einer Frühlingszwiebel garnieren.

g) Nach Geschmack etwas Salz darüber streuen.

h) Falten Sie die Seiten nach innen und rollen Sie sie fest, um sicherzustellen, dass alle Zutaten darin sind.

i) Machen Sie die Dip-Sauce, indem Sie alle Zutaten miteinander vermischen.

j) Frühlingsrollen mit dem Dip als Snack oder Beilage servieren.

34. Karaage japanisches Brathähnchen

Portion: 6

Zutaten:

- Sojasauce, drei Esslöffel
- Hähnchenschenkel ohne Knochen, ein Pfund
- Sake, ein Esslöffel
- Gälische und Ingwerpaste, ein Teelöffel
- Katakuriko-Kartoffelstärke, eine viertel Tasse
- Japanische Mayonnaise nach Bedarf
- Speiseöl, nach Bedarf

Richtungen:

a) Hühnchen in mundgerechte Stücke schneiden.

b) Ingwer, Knoblauch, Sojasauce und Koch-Sake in eine Schüssel geben und mischen, bis alles gut vermischt ist.

c) Fügen Sie das Huhn hinzu, bedecken Sie es gut und lassen Sie es zwanzig Minuten lang marinieren.

d) Lassen Sie überschüssige Flüssigkeit aus dem Huhn ab und fügen Sie Ihre Katakuriko-Kartoffelstärke hinzu. Mischen, bis die Stücke vollständig beschichtet sind.

e) Erhitze etwas Speiseöl in einer Pfanne auf etwa 180 Grad und teste die Temperatur, indem du etwas Mehl hineintropfst.

f) Stück für Stück ein paar Minuten frittieren, bis sie eine tief goldbraune Farbe haben, dann herausnehmen und auf einem Kuchengitter oder Küchenrolle abtropfen lassen.

g) Heiß oder kalt mit ein paar Zitronenschnitzen und einem Spritzer japanischer Mayonnaise servieren.

35. Tazukuri kandierte Sardinen

Servieren: 4

Zutaten:

- Geröstete Sesamsamen, ein Esslöffel
- Honig, ein Esslöffel
- Sojasauce, ein Esslöffel
- Zucker, ein Esslöffel
- Honig, ein Esslöffel
- Aromatisiertes Öl, ein Esslöffel
- Sake, ein Teelöffel
- Babysardinen, eine Tasse

Richtungen:

a) Sammle alle Zutaten. Außerdem benötigen Sie ein mit Backpapier ausgelegtes Backblech.

b) Legen Sie getrocknete Babysardinen in eine Pfanne und rösten Sie sie bei mittlerer Hitze einige Minuten oder bis sie knusprig sind.

c) Die Sesamsamen in die Pfanne geben und zwei Minuten rösten.

d) Achten Sie darauf, die Pfanne ständig zu schütteln, damit die Sesamsamen nicht anbrennen.

e) Sake, Sojasauce und Zucker in dieselbe Pfanne geben. Honig und Öl zugeben.

f) Bei mittlerer Hitze zum Köcheln bringen und die Sauce reduzieren, bis die Sauce eindickt und Sie mit einem Silikonspatel eine Linie auf die Oberfläche der Pfanne ziehen können.

g) Die Sardinen wieder in die Pfanne geben und mit der Sauce bestreichen.

36. Gegrillte Yakitori-Spieße

Servieren: 12

Zutaten:

Teriyaki-Sauce, halbe Tasse
Grüne Schalotten, zwei
Hühnerschenkel, zwei Pfund

Richtungen:

a) Teriyaki-Sauce in einem kleinen Topf bei mittlerer Hitze erhitzen. Zum Kochen bringen und reduzieren, um die Sauce einzudicken.

b) Den weißen Endteil der Schalotten in lange Stücke schneiden.

c) Bereiten Sie die Spieße vor.

d) Grill vorheizen und mit Olivenöl bestreichen.

e) Legen Sie die Yakitori-Hähnchenspieße auf die Grillseite, um das Hähnchen zu braten, bis es gebräunt ist.

f) Drehen Sie die Spieße um und grillen Sie sie, bis die andere Seite gebräunt ist oder das Hühnerfleisch eine weißliche Farbe annimmt.

g) Streichen Sie die Teriyaki-Sauce über die Hähnchenspieße. Wenn eine Seite bedeckt ist, drehen Sie die Spieße um und streichen Sie die Yakitori-Sauce über die Seite.

h) Wiederholen Sie den obigen Vorgang noch einmal und schalten Sie dann die Hitze aus.

i) Servieren Sie die Yakitori-Spieße auf Reis oder mit grünem Salat.

37.   Süße Ingwer-Fleischbällchen

Servieren: 4

Zutaten:

- Ingwer- und Knoblauchpaste, ein Esslöffel
- Eier, eins
- Putenhackfleisch, ein Pfund
- Sesamöl, halbe Teelöffel
- Sojasauce, vier Esslöffel
- Semmelbrösel, halbe Tasse
- Hoisin, zwei Esslöffel
- Gewürfelte Frühlingszwiebeln nach Bedarf
- Sesamsamen, nach Bedarf

Richtungen:

a) Backofen auf 400 Grad vorheizen und ein großes Backblech leicht einfetten.

b) In einer großen Schüssel Truthahn, Knoblauch und Ingwer hinzufügen und gut vermischen.

c) Dann Ei, Panko, Sesamöl und Sojasauce hinzufügen und gut vermischen.

d) Die Frikadellen ausrollen und auf das Backblech legen.

e) Zehn Minuten backen und dann die Pfanne drehen und weitere zehn Minuten backen.

f) Übertragen Sie die Fleischbällchen in eine große Bratpfanne, in die alle passen.

g) In einer kleinen Schüssel die restliche Sojasauce und das Hoisin mischen.

h) Die Fleischbällchen in der Soße wenden, während sie sprudelt und eindickt, und einige Minuten kochen lassen.

i) Frikadellen herausnehmen, in eine Schüssel geben und restliche Soße auf die Frikadellen gießen.

38. Gebratener Fischkuchen im Satsuma-Alter

Servieren: 4

Zutaten:

- Zucker, zwei Esslöffel
- Eier, eins
- Fischfilet, ein Pfund
- Salz, nach Bedarf
- Ingwersaft, halbe Teelöffel
- Wasser, zwei Esslöffel
- Mischen Sie Gemüse, zwei Tassen
- Sojasauce, ein Esslöffel

Richtungen:

a) Fischfilet in kleine Stücke schneiden, damit es einfacher ist, Paste in einer Küchenmaschine zu machen.

b) Fischstücke, Sake, Ingwersaft, Salz und Zucker in eine Küchenmaschine geben und pürieren, bis die Mischung zu einer Paste wird.

c) Ei zur Fischpaste geben und gut verrühren.

d) Die gesamte Gemüsemischung in eine große Schüssel geben und gut vermischen, sodass die Gemüsestücke gleichmäßig mit Maismehl bedeckt sind.

e) Die Fischpaste in die Schüssel geben und gut vermischen.

) Öl in einer Frittierpfanne oder einer Pfanne auf 170 Grad erhitzen.

) Nehmen Sie die Fischfrikadellenmischung und formen Sie eine Kugel.

) Braten, bis die Unterseite des Fischkuchens goldbraun ist.

) Den Fischfrikadellen herausnehmen und das Öl auf einem Gitter oder Küchenpapier abtropfen lassen.

39. Nori-Algen-Popcorn

Portion: 6

Zutaten:

- Schwarzer Sesam, ein Esslöffel
- Brauner Zucker, ein Esslöffel
- Salz, halbe Teelöffel
- Kokosöl, halbe Teelöffel
- Popcornkern, halbe Tasse
- Butter, zwei Esslöffel
- Nori-Algenflocken, ein Esslöffel

Richtungen:

a) In einem Mörser die Nori-Algenflocken, Sesamsamen, Zucker und Salz zu einem feinen Pulver mahlen.

b) Das Kokosöl in einem großen Topf mit schwerem Boden schmelzen.

c) Popcornkerne hinzugeben, mit einem Deckel abdecken und bei mittlerer Hitze garen, bis sie platzen.

d) Fügen Sie sofort den Rest des Mais hinzu, nachdem der Mais gepoppt ist, setzen Sie den Deckel wieder auf und kochen Sie, wobei Sie die Pfanne gelegentlich schütteln, bis alle Körner gepoppt sind.

e) Den gepoppten Mais in eine große Schüssel geben und die geschmolzene Butter darüber gießen, falls verwendet.

f) Streuen Sie Ihre süße und salzige Nori-Mischung darüber und verwenden Sie Ihre Hände, um gut zu mischen, bis jedes Stück bedeckt ist.

g) Mit dem restlichen Sesam bestreuen.

40. Mit Soja marinierte Pilze

Zutaten

- 4 Packungen Enoki-Pilze oder Ihren bevorzugten Pilz
- 2 Esslöffel Sojasauce
- 3 EL Sonnenblumenöl
- 3 Esslöffel Reisessig
- 3 Esslöffel Mitsuba. Schön gehackt
- 2 rote Chilischote.
- Koscheres Salz
- 2 Esslöffel grünes Shiso. Fein gehackt

Richtungen

a) Bei schwacher Hitze das Öl in einen Topf geben und erhitzen

b) Die Pilze in das heiße Öl geben und unter Rühren braten, bis das gesamte Öl absorbiert ist

c) Schalten Sie die Hitze aus und rühren Sie Sojasauce, Essig, Shiso, Mitsuba, Salz und Pfeffer ein.

d) Nach dem Abkühlen servieren oder im Kühlschrank aufbewahren.

HAUPTKURS

41. Tofu in schwarzer Pfeffersoße

Zutaten

- 1 Tasse. Maisstärke
- 1 $\frac{1}{2}$ Teelöffel weißer Pfeffer
- 16 Unzen fester Tofu, perfekt entwässert
- 4 EL Pflanzenöl
- 1 Teelöffel koscheres Salz
- 2 Frühlingszwiebeln, fein geschnitten
- 3 rote Chilischoten, entkernt und schön in Scheiben geschnitten

Richtungen

a) Stellen Sie sicher, dass der Tofu gut abgetropft ist und tupfen Sie ihn mit einem Papiertuch trocken. Sie können ein schweres Schneidebrett darauf drücken, um die gesamte Flüssigkeit herauszubekommen.

b) Den Tofu in feine, stabile Würfel schneiden

c) Maisstärke mit weißem Pfeffer und Salz mischen.

d) Den Tofu in die Mehlmischung geben, darauf achten, dass die Würfel gut bedeckt sind.

e) Setzen Sie sie für 2 Minuten in einen Ziploc-Beutel

f) Gießen Sie das Öl in eine beschichtete Pfanne, wenn es heiß ist, braten Sie die Tofuwürfel zu knusprigen Würfeln

g) Portionsweise anbraten u

h) Mit geschnittenem Pfeffer und Frühlingszwiebeln garnieren

42. Agedashi-Tofu

Portionsgröße: 3

Zutaten:

- Aromatisiertes Öl, drei Tassen
- Maisstärke, vier Esslöffel
- Sojasauce, zwei Esslöffel
- Katsuobishi, nach Bedarf
- Tofu, ein Block
- Mirin, zwei Esslöffel
- Rettich nach Bedarf
- Frühlingszwiebeln, nach Bedarf
- Shichimi Togarashi, eine Handvoll
- Dashi, eine Tasse

Richtungen:

a) Wickeln Sie den Tofu mit drei Lagen Küchenpapier ein und legen Sie einen weiteren Teller darauf. Das Wasser aus dem Tofu 15 Minuten lang abgießen.

b) Den Rettich schälen und raspeln und das Wasser vorsichtig auspressen. Die Frühlingszwiebel in dünne Scheiben schneiden.

c) Dashi, Sojasauce und Mirin in einen kleinen Topf geben und zum Kochen bringen.

d) Nimm den Tofu von Küchenpapier und schneide ihn in acht Stücke.

e) Den Tofu mit Kartoffelstärke bestreichen, überschüssiges Mehl zurücklassen und sofort frittieren, bis er hellbraun und knusprig wird.

f) Den Tofu herausnehmen und überschüssiges Öl auf einem mit Papiertüchern ausgelegten Teller oder einem Kuchengitter abtropfen lassen.

g) Zum Servieren den Tofu in eine Servierschüssel geben und die Sauce vorsichtig darübergießen, ohne den Tofu zu benetzen.

43. Sesam-Shiso-Reis

Zutaten

- 2 Tassen. gekochter Reis (Kurzkorn)
- 12 Shiso-Blätter
- 6 Stück Umeboshi, entsteint und gehackt
- 2 Esslöffel Sesamsamen, schön geröstet

Richtungen

a) In einer sauberen, tiefen Schüssel den gekochten Reis Umeboshi, Shiso-Blätter und Sesamsamen mischen.

b) Dienen

44. Japanischer Kartoffelsalat

Zutaten

- 2 Pfund Rotkartoffel. Geschält, gekocht und püriert
- 3 Gurken. Fein geschnitten
- $\frac{1}{4}$ Teelöffel Meersalz
- 3 Teelöffel Reisweinessig
- 1 Esslöffel japanischer Senf
- 7 Esslöffel japanische Mayonnaise
- 2 Karotten. Geviertelt und in dünne Scheiben geschnitten
- 1 rote Zwiebelknolle. Fein geschnitten

Richtungen

a) Legen Sie die geschnittenen Gurken in eine Schüssel, streuen Sie etwas Salz darüber und lassen Sie sie 12 Minuten lang stehen. Überschüssiges Wasser abgießen und die Gurken in einem Papiertuch trocknen

b) Senf, Mayonnaise und Essig in einer kleinen Schüssel mischen

c) In einer anderen großen Schüssel Kartoffelpüree, Mayo-Mischung, Gurken und Karotten unterheben. Gut umrühren, um eine gleichmäßige Mischung zu erreichen

45.   Natto

Portionsgröße: 1

Zutaten:

- Frühlingszwiebeln zum Garnieren
- Natto, ein Esslöffel
- Sojasauce, halbe Teelöffel
- Saikkyo, anderthalb Teelöffel
- Tofu, halber Block
- Miso, zwei Esslöffel
- Wakame-Samen, eine Handvoll
- Dashi, zwei Tassen

Richtungen:

a) Bringen Sie das Dashi in einem Suppentopf zum Köcheln und geben Sie einen Löffel Natto in die Flüssigkeit. Zwei Minuten köcheln lassen.

b) Geben Sie die Miso-Pasten in den Topf und verwenden Sie die Rückseite eines Löffels, um die Pasten im Dashi aufzulösen.

c) Das Wakame und den Tofu hinzugeben und weitere 30 Sekunden köcheln lassen.

d) Mit Frühlingszwiebeln garnieren.

e) Sofort servieren.

46. Nasu Dengaku

Portionsgröße: 4

Zutaten:

- Japanische Aubergine, drei
- Aromatisiertes Öl, ein Esslöffel
- Sake, zwei Esslöffel
- Zucker, zwei Esslöffel
- Miso, vier Esslöffel
- Sesamsamen, nach Bedarf
- Tofu, ein Block
- Mirin, zwei Esslöffel
- Daikon-Rettich, drei
- Konnyaku, eine Handvoll

Richtungen:

a) Kombinieren Sie Sake, Mirin, Zucker und Miso in einem Topf

b) Alles gut vermischen und dann auf niedrigster Stufe leicht köcheln lassen. Ständig umrühren und einige Minuten kochen

c) Wickeln Sie den Tofu mit zwei Blättern Küchenpapier ein und drücken Sie den Tofu 30 Minuten lang zwischen zwei Tellern aus.

d) Tofu und Auberginen auf ein mit Pergamentpapier oder Silikonbackblech ausgelegtes Backblech mit Rand legen. Mit einem Pinsel Pflanzenöl auf die Ober- und Unterseite von Tofu und Auberginen auftragen.

e) Bei 400 Grad zwanzig Minuten backen oder bis die Auberginen weich sind.

f) Etwas Misoglasur vorsichtig auf Tofu und Auberginen geben und gleichmäßig verteilen. Fünf Minuten grillen.

47. Ramen-Nudelpfanne mit Steak

Portionen: 2

Zutaten:

- Zwiebel, eins
- Karotten, halbe Tasse
- Hackfleisch, halbes Pfund
- Rapsöl, ein Esslöffel
- Ketchup, zwei Esslöffel
- Salz und Pfeffer nach Geschmack
- Maisstärke, ein Teelöffel
- Rinderbrühe, eine Tasse
- Sake, ein Esslöffel
- Gekochtes Ei, eins
- Worcestersauce, ein Esslöffel

Richtungen:

a) In einer großen Pfanne bei mittlerer Hitze Öl erhitzen.

b) Fügen Sie Steak hinzu und braten Sie es bis zur gewünschten Fertigstellung an, etwa fünf Minuten pro Seite für Medium, legen Sie es dann auf ein Schneidebrett und lassen Sie es fünf Minuten ruhen und schneiden Sie es dann in Scheiben.

c) In einer kleinen Schüssel Sojasauce, Knoblauch, Limettensaft, Honig und Cayennepfeffer verquirlen, bis alles gut vermischt ist, und beiseite stellen.

d) Zwiebel, Paprika und Brokkoli in die Pfanne geben und kochen, bis sie weich sind, dann die Sojasaucenmischung hinzufügen und umrühren, bis sie vollständig bedeckt sind.

e) Fügen Sie gekochte Ramen-Nudeln und Steak hinzu und schwenken Sie, bis alles gut vermischt ist.

48.   Käse Ramen Carbonara

Portionen: 4

Zutaten:

- Dashi, eine Tasse
- Olivenöl, ein Esslöffel
- Speckscheiben, sechs
- Salz, nach Bedarf
- Gehackter Knoblauch, zwei
- Petersilie, nach Bedarf
- Parmesankäse, halbe Tasse
- Milch, zwei Esslöffel
- Eier, zwei
- Ramen-Packung, drei

Richtungen:

a) Kombinieren Sie alle Zutaten.

b) Nudeln nach Packungsanleitung kochen.

c) Heben Sie eine viertel Tasse Kochwasser auf, um die Sauce bei Bedarf später aufzulockern. Nudeln abgießen und mit Olivenöl schwenken, damit sie nicht kleben.

d) Mittlere Pfanne bei mittlerer Hitze erhitzen. Speckstücke braten, bis sie braun und knusprig sind. Die Nudeln in die Pfanne geben und mit dem Speck schwenken, bis die Nudeln mit dem Speckfett überzogen sind.

e) Eier mit einer Gabel verquirlen und Parmesankäse untermischen. Gießen Sie die Eier-Käse-Mischung in die Pfanne und werfen Sie sie mit Speck und Nudeln.

49. Ramen aus vier Zutaten

Portionen: 2

Zutaten

- 1 (3 oz.) Packungen Ramen-Nudeln, jede Geschmacksrichtung

- 2 C. Wasser

- 2 Esslöffel Butter

- 1/4 C. Milch

Richtungen

a) Stellen Sie einen Topf auf mittlere Hitze und füllen Sie den größten Teil mit Wasser. Kochen Sie es, bis es zu kochen beginnt.

b) Die Nudeln darin einrühren und 4 Minuten kochen lassen. Gießen Sie das Wasser weg und geben Sie die Nudeln in einen leeren Topf.

c) Milch mit Butter und Gewürzmischung unterrühren. Kochen Sie sie für 3 bis 5 Minuten bei schwacher Hitze, bis sie cremig werden. Warm servieren. Genießen.

50. Ramen-Lasagne

Portionen: 4

Zutaten

- 2 (3 oz.) Packungen Ramen-Nudeln

- 1 Pfund Hackfleisch

- 3 Eier

- 2 C. geriebener Käse

- 1 Esslöffel gehackte Zwiebel

- 1 C. Spaghettisauce

Richtungen

a) Bevor Sie etwas tun, heizen Sie den Ofen auf 325 F vor.

b) Stellen Sie eine große Pfanne auf mittlere Hitze. Darin das Rindfleisch mit 1 Päckchen Gewürz und Zwiebel 10 Minuten garen.

c) Das Rindfleisch in eine gefettete Backform geben. Die Eier verquirlen und in derselben Pfanne kochen, bis sie gar sind.

d) Bedecken Sie das Rindfleisch mit 1/2 C. geriebenem Käse, gefolgt von den gekochten Eiern und einer weiteren 1/2 C. Käse.

) Die Ramen-Nudeln gemäß den Anweisungen auf der Verpackung kochen. Abtropfen lassen und mit der Spaghettisauce vermengen.

) Die Mischung auf der ganzen Käseschicht verteilen. Mit dem restlichen Käse bestreuen. 12 Minuten im Ofen backen. servieren Sie Ihre Lasagne warm. Genießen.

51. Ramen mit heißem Schweinekotelett

Portionen: 4

Zutaten

- 1 Pfund Schweinekoteletts

- 4 Esslöffel chinesische BBQ-Sauce

- 3 Teelöffel Erdnussöl

- 2 Tassen Frühlingszwiebel, in Scheiben geschnitten

- 2-3 Knoblauchzehen, gehackt

- 1 Teelöffel Ingwer, gehackt

- 5 Tassen Hühnerbrühe

- 3 Esslöffel Sojasauce

- 3 Esslöffel Fischsauce

- 2 Packungen Ramen-Nudeln, gekocht

- 5 Stück Pak Choi, geviertelt

- 1 rote Chile, in Scheiben geschnitten

- 8 Eier

- Speiseöl

Richtungen:

1. Die Schweinekoteletts mit Chines BBQ Sauce bestreichen und 15-20 Minuten beiseite stellen.

2. Etwas Erdnussöl in einem Topf bei mittlerer Hitze erhitzen und die Zwiebel, den Knoblauch und den Ingwer 2-3 Minuten anbraten.

3. Fügen Sie Brühe, Knoblauch, Sojasauce, 2 Tassen Wasser, Fischsaucen, Ingwer und rote Chili hinzu. Lassen Sie es köcheln und fügen Sie den Pak Choi hinzu. 2-3 Minuten kochen.

4. Von der Hitze nehmen. Seite stellen.

5. Heize deinen Grill bei starker Hitze vor.

6. Besprühen Sie die Schweinekoteletts mit etwas Speiseöl und legen Sie sie auf den heißen Grill, bis sie gebräunt sind.

7. Drehen Sie die Seite und von der anderen Seite für 3-4 Minuten und geben Sie sie dann auf einen Teller.

8. Ramen auf 4 Schüsseln verteilen.

9. Legen Sie den Pak Choi über die Nudeln und beträufeln Sie ihn mit etwas heißer Suppe.

10. Legen Sie die Schweinekoteletts und garnieren Sie sie mit geriebenen Zwiebeln.

11. Mit Eiern und Korianderblättern toppen.

52. Miso Schweinefleisch und Ramen

Portionen: 6

Zutaten

- 2 Pfund Schweinefüße, in 1-Zoll-runde Formen geschnitten
- 2 Pfund Huhn, ohne Knochen, in Streifen geschnitten
- 2 Esslöffel Speiseöl
- 1 Zwiebel, gehackt
- 8-10 Knoblauchzehen, gehackt
- 1-Zoll-Ingwerscheibe, gehackt
- 2 Lauch, gehackt
- $\frac{1}{2}$ Pfund Frühlingszwiebeln, weißer und grüner Teil getrennt, gehackt
- 1 Tasse Champignons, in Scheiben geschnitten
- 2 Pfund Schweineschulter, gehackt
- 1 Tasse Misopaste
- $\frac{1}{4}$ Tasse Shoyu
- $\frac{1}{2}$ Esslöffel Mirin
- Salz, nach Geschmack

Richtungen:

1. Übertragen Sie das Schweinefleisch und das Huhn in einen Suppentopf und fügen Sie viel Wasser hinzu, bis alles bedeckt ist. Stellen Sie es bei starker Hitze auf einen Herd und bringen Sie es zum Kochen. Vom Herd nehmen, wenn fertig.

2. Erhitzen Sie etwas Speiseöl in einem Gusseisen bei starker Hitze und kochen Sie Zwiebeln, Knoblauch und Ingwer etwa 15 Minuten lang oder bis sie gebräunt sind. Beiseite legen.

3. Gekochte Knochen mit Gemüse, Schweineschulter, Lauch, Weißzwiebeln, Pilzen in einen Topf geben. Mit kaltem Wasser auffüllen. 20 Minuten bei starker Hitze kochen lassen. Die Hitze reduzieren und 3 Stunden köcheln lassen und mit einem Deckel abdecken.

4. Entfernen Sie nun die Schulter mit einem Spatel. Und legen Sie es in einen Behälter und kühlen Sie es ab. Setzen Sie den Deckel wieder auf den Topf und kochen Sie erneut für 6 bis 8 Stunden.

5. Die Brühe abseihen und Feststoffe entfernen. Miso, 3 Esslöffel Shoyu und etwas Salz verquirlen.

6. Zerkleinern Sie das Schweinefleisch und werfen Sie es mit Shoyu und Mirin. Mit Salz.

7. Etwas Brühe auf die Nudeln schöpfen und mit gebranntem Knoblauch-Sesam-Chili toppen.

8. Das Schweinefleisch in Schüsseln geben.

9. Top mit Eiern und anderen gewünschten Produkten.

10. Genießen.

53. Gebackenes Hähnchen-Katsu

Portionsgröße: 4

Zutaten:

- Hähnchenbruststücke ohne Knochen, ein Pfund
- Panko, eine Tasse
- Allzweckmehl, halbe Tasse
- Wasser, ein Esslöffel
- Ei, eins
- Salz und Pfeffer nach Geschmack
- Tonkatsu-Sauce nach Bedarf

Richtungen:

a) Panko und Öl in eine Pfanne geben und bei mittlerer Hitze goldbraun rösten. Panko in eine flache Schüssel umfüllen und abkühlen lassen.

b) Die Hähnchenbrust buttern und halbieren. Salz und Pfeffer auf beiden Seiten des Hähnchens würzen.

c) In einer flachen Schüssel Mehl hinzufügen und in einer anderen flachen Schüssel Ei und Wasser verquirlen.

d) Jedes Hühnchenstück in Mehl wenden und überschüssiges Mehl abschütteln. In die Eimischung tauchen und dann mit dem gerösteten Panko bestreichen und fest andrücken, damit es am Hähnchen haftet.

e) Legen Sie die Hähnchenteile für etwa zwanzig Minuten auf das vorbereitete Backblech. Sofort servieren oder auf ein Kuchengitter geben, damit der Boden des Katsu nicht durch die Feuchtigkeit aufgeweicht wird.

54. Hayashi Hackfleisch-Curry

Portionsgröße: 2

Zutaten:

- Zwiebel, eins
- Karotten, halbe Tasse
- Hackfleisch, halbes Pfund
- Rapsöl, ein Esslöffel
- Ketchup, zwei Esslöffel
- Salz und Pfeffer nach Geschmack
- Maisstärke, ein Teelöffel
- Rinderbrühe, eine Tasse
- Sake, ein Esslöffel
- Gekochtes Ei, eins

Richtungen:

a) Ei kochen und in kleine Stücke schneiden oder mit einer Gabel zerdrücken. Mit Salz und Pfeffer gut würzen.

b) Öl erhitzen und Zwiebeln und Karotten hinzugeben.

c) Maisstärke auf das Hackfleisch streuen und zum Gemüse geben. Fügen Sie eine viertel Tasse Rinderbrühe hinzu und zerkleinern Sie das Hackfleisch unter Rühren.

d) Rinderbrühe, Ketchup, Sake und Worcestershire-Sauce hinzugeben.

e) Gut mischen und zehn Minuten kochen lassen oder bis die gesamte Flüssigkeit verdampft ist. Mit Salz und Pfeffer würzen.

f) Zwiebeln in einer separaten Pfanne knusprig braten.

55.   Teriyaki-Hühnerfleisch

Portionsgröße: 2

Zutaten:

- Sesamöl, ein Teelöffel
- Brokkoli zum Servieren
- Honig, ein Esslöffel
- Ketchup, zwei Esslöffel
- Salz und Pfeffer nach Geschmack
- Maisstärke, ein Teelöffel
- Gekochter weißer Reis, eine Tasse
- Knoblauch und Ingwer, ein Esslöffel
- Gekochtes Ei, eins
- Sojasauce, ein Esslöffel

Richtungen:

a) In einer mittelgroßen Schüssel Sojasauce, Reisessig, Öl Honig, Knoblauch, Ingwer und Maisstärke verquirlen.

b) In einer großen Pfanne bei mittlerer Hitze Öl erhitzen Hähnchen in die Pfanne geben und mit Salz und Pfeffer würzen. Kochen, bis sie goldbraun und fast durchgegart sind

c) Das Hähnchen zudecken und köcheln lassen, bis die Sauce leicht eingedickt und das Hähnchen durchgegart ist.

d) Mit Sesam und Frühlingszwiebeln garnieren.

e) Über Reis mit gedämpftem Brokkoli servieren.

56.   Japanische Lachsschale

Portionsgröße: 4

Zutaten:

- Chilisauce, ein Teelöffel
- Sojasauce, ein Teelöffel
- Reis, zwei Tassen
- Sesamöl, ein Esslöffel
- Ingwer, zwei Esslöffel
- Salz und Pfeffer nach Geschmack
- Sesamsamen, ein Teelöffel
- Essig, ein Teelöffel
- Geschreddertes Nori nach Bedarf
- Lachs, halbes Pfund
- Geschredderter Kohl, eine Tasse

Richtungen:

a) Den Reis, drei Tassen Wasser und einen halben Teelöffel Salz in einen großen Topf geben und zum Kochen bringen und fünfzehn Minuten kochen lassen oder bis das Wasser absorbiert ist.

b) Essig, Sojasauce, Chilisauce, Sesamöl, Sesamsamen und Ingwer in eine Schüssel geben und gut vermischen.

c) Fügen Sie den Lachs hinzu und rühren Sie vorsichtig um, bis er vollständig bedeckt ist.

d) Den zerkleinerten Kohl und das Sesamöl in eine Schüssel geben und gut vermischen.

e) Geben Sie einen großen Löffel Reis in jede Schüssel, fügen Sie den Kohl hinzu und drücken Sie die Mayonnaise darüber.

57. Gebratene Garnelen und Gemüse

ortionsgröße: 4

Zutaten:

- Limettensaft, drei Esslöffel
- Garnelen, zwei Pfund
- Salz und Pfeffer nach Geschmack
- Chili, ein Esslöffel
- Mischen Sie Gemüse, eine Tasse
- Sashimi, halbes Pfund
- Eier, drei
- Mirin, ein Teelöffel
- Sesamsamen, nach Bedarf

Richtungen:

1) Garnelen mit Gewürzen, Limettensaft und Olivenöl marinieren.

2) In der Zwischenzeit das Gemüse würfeln und in Scheiben schneiden.

3) Einen Esslöffel Olivenöl in eine Pfanne geben und auf mittlere Hitze bringen.

4) Braten Sie das Gemüse an, bis es eine goldene Farbe erhält und weich ist. Herausnehmen und in einer Schüssel beiseite stellen.

5) Braten Sie die Garnelen in derselben Pfanne an, bis sie vollständig gekocht sind. Dann das Keksgemüse zurück in die Pfanne geben und mit den Garnelen zwei Minuten anbraten.

6) Herausnehmen und servieren.

58.   Huhn im Topf/Mizutaki

Portionsgröße: 4

Zutaten:

- Negi, eins
- Mizuna, vier
- Chinakohl, acht
- Karotte, halbe Tasse
- Hähnchenschenkel, ein Pfund
- Kombu, halbes Pfund
- Sake, ein Teelöffel
- Ingwer, ein Teelöffel
- Sesamsamen, nach Bedarf

Richtungen:

a) Mische alle Zutaten.

b) Fügen Sie in einer großen Schüssel fünf Tassen Wasser und Kombu hinzu, um kaltes Kombu Dashi zuzubereiten. Beiseite stellen, während Sie das Huhn zubereiten.

c) Füllen Sie einen mittelgroßen Topf mit Wasser und fügen Sie die Hähnchenschenkelstücke mit Knochen und Haut hinzu. Schalten Sie die Hitze auf mittel-niedrig.

d) In das Cold Brew Kombu Dashi die soeben abgespülten Hähnchenschenkelstücke geben.

e) Fügen Sie auch den Sake der Hähnchenstücke und den Ingwer hinzu.

f) Bei mittlerer Hitze zum Kochen bringen.

g) Reduzieren Sie die Hitze auf mittel-niedrig und kochen Sie sie dreißig Minuten lang abgedeckt. Beginnen Sie während dieser Zeit mit der Zubereitung anderer Zutaten. Nach 30 Minuten die Ingwerscheiben entfernen und entsorgen.

59. Japanischer Ingwer-Wolfsbarsch

Zutaten

- 2 Teelöffel weiße Miso-Paste
- 6 Unzen. Wolfsbarsch Stück
- 1 $\frac{1}{4}$ Teelöffel Mirin
- 1 Teelöffel frischer Ingwersaft
- 1 Teelöffel Zucker
- 3 Teelöffel Sake

Richtungen

a) Kombinieren Sie in einer sauberen mittelgroßen Schüssel alle Zutaten außer dem Sake. Gut mischen und beiseite stellen.

b) Legen Sie das Fischstück in den gemischten Inhalt, fügen Sie den Sake hinzu und schwenken Sie es, bis es gut bedeckt ist

c) Legen Sie es für 4 Stunden in den Gefrierschrank

d) Den Grill vorheizen und den Fisch auf einen Rost legen

e) Grillen Sie es, werfen Sie es hin und her, bis es vollständig braun und gekocht ist.

f) Barsch auf eine Platte geben und servieren

60. Japanisches ausgefallenes Teriyaki

Zutaten

- 2 Pfund Lachs
- 3 Esslöffel gehackte Frühlingszwiebeln
- 2 Esslöffel schwarze und weiße Sesamsamen
- $\frac{1}{2}$ Tasse natives Olivenöl extra
- Teriyaki Soße
- 4 EL Sojasauce
- 1 Tasse Mirin
- 2 $\frac{1}{2}$ Tasse. Zucker

Richtungen

a) Machen Sie die Teriyaki-Sauce, indem Sie alle Zutaten unter der Überschrift in einen Topf geben und bei schwacher Hitze kochen, bis sie eindickt. Vom Herd nehmen und zum Abkühlen stellen

b) Gießen Sie etwas Öl in eine beschichtete Pfanne und legen Sie den Lachs hinein. Decken Sie die Pfanne ab und braten Sie den Lachs bei mäßiger Hitze, bis er gleichmäßig braun ist

c) Auf einer Platte anrichten und die Teriyaki-Sauce darüber träufeln

d) Und mit weißem Sesam und gehackten Frühlingszwiebeln garnieren

SUPPEN UND SALATE

61. Ramen-Nudelsalat

Portionen: 1

Zutaten:

- Kohl und Zwiebel, eine Tasse
- Sesam, ein Esslöffel
- Sojasauce, ein Esslöffel
- Zucker, ein Esslöffel
- Essig, ein Esslöffel
- Butter nach Bedarf
- Ramen-Nudeln, eine Packung
- Mandeln nach Bedarf

Richtungen:

a) Kombinieren Sie Öl, Essig, Zucker und Sojasauce in einem Glas und schütteln Sie, bis sich der Zucker aufgelöst hat.

b) Die Butter in einer großen Pfanne bei mittlerer Hitze schmelzen. Während die Butter schmilzt, die Ramen-Nudeln zerdrücken, während sie sich noch in der Verpackung befinden.

c) Entfernen Sie das Gewürzpaket und werfen Sie es weg.

d) Die Nudeln, Mandeln und Sesamsamen zu der geschmolzenen Butter in der Pfanne geben.

e) Unter häufigem Rühren anbraten, bis die Nudelmischung goldbraun ist.

f) Den Kohl zerkleinern und den Kohl und die Zwiebeln in einer großen Rührschüssel mischen. Die Nudelmischung hinzugeben.

g) Das Dressing über den Salat gießen und gut vermengen.

h) Sofort servieren.

62.   Baby-Ramen-Suppe

Portionen: 4

Zutaten

- 2 (14 1/2 oz.) Dosen Hühnerbrühe
- 1/2 Pfund Baby Pak Choy, längs halbiert
- 2 Frühlingszwiebeln, in 2-Zoll-Längen geschnitten
- frischer Ingwer, gehackt
- 1 Knoblauchzehe, gehackt
- 1 1/2 Teelöffel Sojasauce
- 1 (3 1/2 oz.) Packungen Ramen-Nudeln
- 1/4 Pfund geschnittener Schinken
- 4 hart gekochte Eier, geschält und geviertelt
- 1 Teelöffel Sesamöl

Richtungen

a) Stellen Sie einen Topf auf mittlere Hitze. Brühe, Pak Choi, Frühlingszwiebeln, Ingwer, Knoblauch und Sojasauce darin einrühren.

b) Lassen Sie sie 12 Minuten köcheln. Die Nudeln in den Topf geben. Lassen Sie die Suppe weitere 4 Minuten kochen.

c) Servieren Sie Ihre Suppe warm mit Ihren Lieblingszutaten. Genießen.

63. Nori-Nudelsuppe

Portionen: 4

Zutaten

- 1 (8 oz.) Packung getrocknete Soba-Nudeln

- 1 C. zubereitete Dashi-Brühe

- 1/4 C. Sojasauce

- 2 Esslöffel Mirin

- 1/4 Teelöffel weißer Zucker

- 2 Esslöffel Sesam

- 1/2 C. gehackte Frühlingszwiebeln

- 1 Blatt Nori (getrockneter Seetang), in dünne Streifen geschnitten (optional)

Richtungen

a) Nudeln nach Packungsanweisung kochen. Abgießen und mit etwas Wasser abkühlen.

b) Stellen Sie einen kleinen Topf auf mittlere Hitze. Dashi, Sojasauce, Mirin und weißen Zucker einrühren. Kochen Sie es, bis es zu kochen beginnt.

c) Schalten Sie die Hitze aus und lassen Sie die Mischung 27 Minuten lang Wärme abgeben. Den Sesam mit den Nudeln auf Servierschalen verteilen und die Suppe darüber gießen.

d) Garnieren Sie Ihre Suppentassen mit Nori und Frühlingszwiebeln.

e) Genießen.

64. Apfel-Ramen-Salat

Portionen: 10

Zutaten

- 12 Unzen. Brokkoliröschen

- 1 (12 oz.) Beutel Brokkoli-Krautsalat-Mischung

- 1/4 C. Sonnenblumenkerne

- 2 (3 oz.) Packungen Ramen-Nudeln

- 3 Esslöffel Butter

- 2 Esslöffel Olivenöl

- 1/4 C. gehobelte Mandeln

- 3/4 C. Pflanzenöl

- 1/4 C. brauner Zucker

- 1/4 C. Apfelessig

- 1/4 C. Frühlingszwiebel, gehackt

Richtungen

a) Stellen Sie eine große Pfanne auf mittlere Hitze. Öl darin erhitzen.

b) Drücken Sie Ihre Ramen mit Ihren Händen, um sie zu zerdrücken. Mit den Mandeln in der Pfanne verrühren.

c) Kochen Sie sie 6 Minuten lang und stellen Sie die Pfanne dann beiseite.

d) Holen Sie sich eine große Rührschüssel: Geben Sie den Brokkoli, den Brokkolisalat und die Sonnenblumen hinein. Fügen Sie die Nudelmischung hinzu und werfen Sie sie erneut.

e) Holen Sie sich eine kleine Rührschüssel: Kombinieren Sie darin das Pflanzenöl, den braunen Zucker, den Apfelessig und das Ramen-Nudel-Gewürzpaket, um die Vinaigrette herzustellen.

f) Die Vinaigrette über den Salat träufeln und unterrühren. Servieren Sie Ihren Salat mit den Frühlingszwiebeln darauf. Genießen.

65. Ramen-Sesam-Suppe

Portionen: 4

Zutaten

- 1 lb. oberes rundes Steak, Julienne

- 1 Esslöffel Erdnussöl

- 1/2 Esslöffel Sesamöl

- 1 Zoll frischer Ingwer, fein gerieben

- 2 Knoblauchzehen, gehackt

- 1/4-1/2 Teelöffel zerstoßene Paprikaflocken

- 3 C. Rinderfond

- 2 Bund Frühlingszwiebeln, gewürfelt

- 2 Esslöffel Reisweinessig

- 2 (3 oz.) Päckchen Ramen-Nudeln, Päckchen entfernt 1/2 C. Babykarotten, gerieben

Richtungen

a) Stellen Sie eine große Pfanne auf mittlere Hitze. Darin jeweils 1/3 der Öle erhitzen.

b) Darin Ingwer, Knoblauch und rote Chilis anschwitzen. Kochen Sie sie für 1 Minute. 1/3 der Rindfleischscheiben unterrühren. Kochen Sie sie für 4 Minuten. Legen Sie die Mischung beiseite.

c) Wiederholen Sie den Vorgang mit dem restlichen Rindfleisch und Öl, bis es fertig ist. Stellen Sie einen großen Topf auf mittlere Hitze. Brühe, Essig und Frühlingszwiebeln darin einrühren. Kochen Sie sie, bis sie zu kochen beginnen.

d) Reduzieren Sie die Hitze und kochen Sie es, bis es zu kochen beginnt. Rühre die Ramen hinein und koche sie für 4 bis 4 Minuten oder bis sie fertig sind.

e) Die Nudeln in eine Servierschüssel geben und mit dem sautierten Rindfleisch belegen. Warm servieren.

66. Sambal-Ramen-Salat

Portionen: 2

Zutaten

- 1 (3 oz.) Packungen Ramen-Nudeln

- 1 C. Kohl, zerkleinert

- 4 Frühlingszwiebeln, in 1-Zoll-Stücke geschnitten

- 2-3 Karotten

- Kaiserschoten, in Julienne geschnitten

- 3 Esslöffel Mayonnaise

- 1/2 Teelöffel Sambal Oelek oder Sriracha

- 1-2 Teelöffel Zitronensaft

- 1/4 C. Erdnüsse, gehackt

- Koriander, gehackt

Richtungen

a) Die Nudeln nach Packungsanweisung zubereiten und 2 Minuten garen. Nimm es aus dem Wasser und lege es zum Abtropfen beiseite.

b) Besorgen Sie sich eine kleine Rührschüssel: Verquirlen Sie Mayonnaise, Sambal Olek und Zitronensaft darin, um die Sauce zuzubereiten

c) Holen Sie sich eine große Rührschüssel: Kombinieren Sie darin Kohl, Karotten, Frühlingszwiebeln, Kaiserschoten, gekochte Nudeln, Mayonnaise-Sauce, eine Prise Salz und Pfeffer. Mischen Sie sie gut.

d) Salat servieren und genießen.

67.   Creme aus Ramen und Pilzen

Portionen: 4

Zutaten

- 1 (3 oz.) Packungen Ramen-Nudeln mit Hühnchengeschmack

- 1 (10 3/4 oz.) Dosen Pilzcremesuppe

- 1 (3 Unzen) Dosen Huhn

Richtungen

a) Bereiten Sie die Ramen gemäß den Anweisungen auf der Verpackung zu.

b) Stellen Sie einen großen Topf auf mittlere Hitze. Rühren Sie darin die Suppe, das Huhn und die Gewürze ein. Kochen Sie sie für 6 Minuten.

c) Die Nudeln abtropfen lassen und auf Servierschüsseln verteilen. Die Suppenmischung darüber löffeln und warm servieren. Genießen.

68. Scharfer Serrano-Ramen-Salat

ortionen: 2

utaten

1 gelbe Zwiebel, gehackt

2 Roma-Tomaten, gehackt

1 Serrano-Chili, gehackt

1 rote Paprika, geröstet und geschält, mittelgroß gehackt

1 C. gemischtes Gemüse gewürfelt

2 (3 oz.) Päckchen Instant-Ramen-Nudeln mit orientalischem Geschmack

1 Gemüsebrühwürfel

1 Teelöffel Kreuzkümmelpulver

1 Teelöffel rotes Chilipulver

4 Esslöffel Spaghettisauce

2 Teelöffel Rapsöl oder 2 Teelöffel jedes andere Pflanzenöl

ichtungen

a) Stellen Sie eine große Pfanne auf mittlere Hitze. Öl darin erhitzen. Darin die Zwiebel mit Tomate und Serrano-Chili 3 Minuten anschwitzen.

b) Ein Gewürzpäckchen und den Maggi-Brühwürfel unterrühren. Das Gemüse, den Kreuzkümmel und 1/2 °C Wasser einrühren. Kochen Sie sie für 6 Minuten. Rühren Sie die Spaghetti-Sauce ein und kochen Sie sie für weitere 6 Minuten.

c) Bereiten Sie die Nudeln gemäß den Anweisungen auf der Verpackung zu. Die Nudeln mit der Gemüsemischung mische. Heiß servieren. Genießen.

69.   Mandarin-Ramen-Salat

Portionen: 6

Zutaten

- 1 (16 oz.) Packungen Krautsalatmischung

- 2 (3 oz.) Packungen Ramen-Nudeln, zerkrümelt

- 1 C. gehobelte Mandeln

- 1 (11 oz.) Dosen Mandarinen, abgetropft

- 1 C. geröstete Sonnenblumenkerne, geschält

- 1 Bund Frühlingszwiebel, gehackt

- 1/2 C. Zucker

- 3/4 C. Pflanzenöl

- 1/3 C. weißer Essig

- 2 Päckchen Päckchen Ramen-Gewürz

Richtungen

a) Holen Sie sich eine kleine Rührschüssel: Verquirlen Sie darin den Essig, das Ramen-Gewürz, das Öl und den Zucker, um das Dressing herzustellen.

b) Holen Sie sich eine große Rührschüssel: Geben Sie die Krautsalatmischung mit Nudeln, Mandeln, Mandarine, Sonnenblumenkernen und Zwiebeln hinein.

c) Träufeln Sie das Dressing darüber und werfen Sie sie zum Überziehen. Den Salat für 60 Minuten in den Kühlschrank stellen und dann servieren. Genießen.

70. Nudelsuppe mit Curry

utaten

- 3 Karotten, in mundgerechte Stücke geschnitten

- 1 kleine Zwiebel, in mundgerechte Stücke geschnitten

- 3 Esslöffel Wasser

- 1/4 C. Pflanzenöl

- 1/2 C. Allzweckmehl

- 2 Esslöffel Allzweckmehl

- 2 Esslöffel rotes Currypulver

- 5 C heiße Gemüsebrühe

- 1/4 C. Sojasauce

- 2 Teelöffel Ahornsirup

- 8 Unzen. Udon-Nudeln oder mehr nach Geschmack

ichtungen

) Holen Sie sich eine mikrowellenfeste Schüssel: Rühren Sie
das Wasser mit Karotten und Zwiebeln hinein. Setzen Sie

den Deckel auf und garen Sie sie 4 Minuten 30 Sekunden lang auf hoher Stufe.

b) Stellen Sie einen Suppentopf auf mittlere Hitze. Öl darin erhitzen. Fügen Sie dazu 1/2 C. plus 2 Esslöffel Mehl hinzu und mischen Sie sie zu einer Paste.

c) Fügen Sie das Curry mit heißer Brühe hinzu und kochen Sie es 4 Minuten lang unter ständigem Rühren. Fügen Sie die gekochte Zwiebel und Karotte mit Sojasauce und Ahornsirup hinzu.

d) Kochen Sie die Nudeln gemäß den Anweisungen auf der Verpackung, bis sie weich sind.

e) Kochen Sie die Suppe, bis sie zu kochen beginnt. Rühren Sie die Nudeln ein und servieren Sie Ihre Suppe heiß.

71. Cremiger Nuss-Nudel-Salat

Portionen: 4

Zutaten

- 1 Packung Ramen-Nudeln mit Hühnchengeschmack

- 1 C. gewürfelter Sellerie

- 1 (8 oz.) Dosen geschnittene Wasserkastanien, abgetropft

- 1 C. gehackte rote Zwiebel

- 1 C. gewürfelte grüne Paprika

- 1 C. Erbsen

- 1 C. Mayonnaise

Richtungen

a) Die Nudeln in 4 Stücke zerbröseln. Bereiten Sie sie gemäß den Anweisungen auf der Verpackung vor.

b) Holen Sie sich eine große Rührschüssel: Nudeln abgießen und mit Sellerie, Wasserkastanien, Zwiebel, Paprika und Erbsen darin schwenken.

c) Besorgen Sie sich eine kleine Rührschüssel: Verquirlen Sie darin die Mayonnaise mit 3 Gewürzpäckchen. Fügen Sie sie dem Salat hinzu und werfen Sie sie zum Überziehen. Den

Salat für 1 bis 2 Stunden in den Kühlschrank stellen und dann servieren.

d) Genießen.

72. Japanische Pilznudelsuppe

Zutaten

- 2 Unzen Buna-Shimeji-Pilz
- 1 Bündel. Soba-Nudeln oder Ihre bevorzugten Nudeln. Nach Anleitung gekocht und abgetropft
- 3 Esslöffel Mizkan-Suppenbasis
- 2 gekochte Eier, aufgeschlagen und halbiert
- 1 Bund Baby Pak Choi oder Salat
- 2 Tasse. Wasser
- 2 Teelöffel weißer Sesam
- Frühlingszwiebeln, gehackt

Anweisungen

1) In einem mittelgroßen Topf das Wasser zum Kochen bringen und die Suppenbasis, den Baby Pak Choy und die Pilze hinzugeben. 2 Minuten kochen.

2) Die gekochten Nudeln in Teller/Schüsseln anrichten. Die Eihälften darauflegen und die Suppe darüber träufeln

3) Mit Frühlingszwiebeln und Sesam garnieren

4) Mit Stäbchen servieren

73. Hühnernudelsuppe

Portionen: 4

Zutaten

- 2 Esslöffel Olivenöl

- 1 ½ Tassen Lauch, schließlich gehackt

- 3 Knoblauchzehen, gehackt

- 1 ½ Pfund Hähnchenbrust, ohne Knochen, in kleine Streifen geschnitten

- 6-7 Tassen Hühnerbrühe

- Salz und Pfeffer nach Geschmack

- 1-2 Packungen Ramen-Nudeln

- 1 mittelgroße Zitrone, in Viertel geschnitten

- 1 gekochtes Ei, falls gewünscht

- 1 Frühlingszwiebel, gehackt, zum Garnieren

Richtungen:

1. Etwas Öl in einem Topf bei mittlerer Hitze erhitzen.

2. Lauch und Knoblauch dazugeben, unter Rühren braten, bis die Zutaten gekocht und durch Rühren weich sind.

3. Hähnchenstreifen dazugeben und ca. 4-5 Minuten garen.

4. Etwas Hühnerbrühe, Salz und Pfeffer hinzugeben und zum Kochen bringen. Die Hitze reduzieren und die Suppe 10-12 Minuten köcheln lassen.

5. Nun die Nudeln hinzugeben und kochen bis sie fest sind.

6. Vom Herd nehmen und etwas Zitronensaft hinzufügen.

7. Die Suppe auf 3-4 Teller verteilen.

8. Top mit etwas Frühlingszwiebeln und Ei.

9. Servieren und genießen.

74. Ramen-Huhn-Nudelsalat

Portionen: 4

Zutaten

- ½ Pfund Huhn, gekocht und gehackt

- 4-5 Tassen Kohl, zerkleinert

- 3-4 Karotten, geschält, geraspelt

- 2 Packungen Ramen-Nudeln mit Hühnergeschmack

- 1 Tasse Frühlingszwiebel, gehackt

- ¼ Tasse Mandeln, geröstet, in Scheiben geschnitten

- ¼ Tasse Sesam

- ¼ Tasse Olivenöl

- ¼ Tasse Reisessig

- 5 Esslöffel Zucker

- 3 Esslöffel Sojasauce

- Salz und Pfeffer nach Geschmack

Richtungen:

. Kohl, Zwiebeln, Mandeln, Sesamsamen und Ramen-Nudeln in eine große Schüssel geben.

. In einer Rührschüssel etwas Salz, Pfeffer, Öl, Essig und Zucker mischen, gut mischen.

. Etwas Dressing über den Salat träufeln und vermischen.

. Legen Sie es in Ihren Kühlschrank, bis es abgekühlt ist.

. Servieren und genießen.

75. Ramen-Suppe mit Schweinefleisch

Portionen: 4

Zutaten

- 3 Esslöffel Rapsöl

- 2-3 Schweinekoteletts, ohne Knochen

- Salz und schwarzer Pfeffer nach Geschmack

- 8-10 Frühlingszwiebeln, in Scheiben geschnitten, grüne und weiße Trennwand getrennt

- 1 2-Zoll-Ingwer, in Scheiben geschnitten

- 8 Tassen Hühnerbrühe

- 3 Esslöffel Essig

- 2-3 Packungen Ramen-Nudeln

- 2 Esslöffel Sojasauce

- 2 Karotten, geschält, gerieben

- 2-3 Radieschen, in dünne Scheiben geschnitten

- $\frac{1}{4}$ Tasse Korianderblätter, gehackt

Richtungen:

1. Einen Topf bei mittlerer Hitze 5 Minuten erhitzen. Fügen Sie etwas Öl hinzu und kochen Sie das Schweinefleisch, bis es gründlich gegart ist, 5-6 Minuten pro Seite.

2. Mit Salz und Pfeffer würzen.

3. Auf einen Teller geben und mit Folie abdecken. 5 Minuten beiseite stellen.

4. In derselben Pfanne die Frühlingszwiebel mit Ingwer anbraten und 30-50 Sekunden kochen.

5. Etwas Brühe zugeben und zum Kochen bringen.

6. Die Nudeln hinzugeben und 2-3 Minuten kochen.

7. Etwas Sojasauce und Essig unterrühren.

8. Die Suppe in Schüsseln geben und mit Schweinefleisch, Frühlingszwiebeln, gehackten Karotten, geschnittenen Radieschen und Koriander garnieren.

76. Einfache Rindfleisch-Ramen-Suppe

Portionen: 2

Zutaten

- 1-Pfund-Flankensteak

- 1 Pfund Choy Sum, gehackt

- 4-5 Knoblauchzehen, gehackt

- 3-4 Frühlingszwiebeln, weiß und grün getrennt, gehackt

- 2 Tassen Enoki-Pilze, in Scheiben geschnitten

- 1 1-Zoll-Stück Ingwer

- 4 Esslöffel Demi-Glace

- 4 Esslöffel Misopaste

- 3 Esslöffel Sojasauce

- 2 Esslöffel Hoisin-Sauce

- 2 Packungen Ramen-Nudeln, gekocht

- 3 Esslöffel Speiseöl

Richtungen:

. Etwas Speiseöl in einen Wok geben und das Schweinefleisch von beiden Seiten anbraten, bis es schön gebräunt ist. Aus dem Wok nehmen und beiseite stellen.

. 5-6 Tassen Wasser, Knoblauch, Sojasauce, Demi-Glace, Ingwer, Pilze, Hoisinsauce, Choy Chum und Frühlingszwiebeln in einen großen Topf geben und weich kochen.

. Jetzt das gebratene Schweinefleisch hinzufügen und mit einem Deckel abdecken, erneut 10-12 Minuten kochen.

. Jetzt Miso und Nudeln beigeben, nochmals aufkochen.

. In Schüsseln schöpfen und mit Frühlingszwiebeln garnieren.

77.   Fischsuppe Ramen

Portionen: 2

Zutaten

- 2 mittelgroße Fischfilets, in 2-Zoll-Scheiben geschnitten

- $\frac{1}{4}$ Tasse Frühlingszwiebel, gehackt

- 3 Karotten, geschält, in Scheiben geschnitten

- 2 Packungen Ramen-Nudeln

- 1 Teelöffel Salz

- 4-5 Knoblauchzehen, gehackt

- 2 Esslöffel Speiseöl

- $\frac{1}{4}$ Teelöffel schwarzer Pfeffer

- 4 Tassen Hühnerbrühe

- 2 Esslöffel Sojasauce

- 2 Esslöffel Fischsauce

Richtungen:

1. Hühnerbrühe, Knoblauch, Speiseöl, Salz und Pfeffer in einen Topf geben und aufkochen lassen.

2. Karotten beigeben, zugedeckt 5-8 Minuten bei mittlerer Hitze garen.

3. Fügen Sie den Fisch, die Zwiebel und die Nudeln hinzu und kochen Sie sie 3-4 Minuten lang oder bis sie fertig sind.

4. Etwas Fischsauce und Sojasauce zugeben, vermischen.

5. Heiß servieren.

78. Garnelen-Nudelsuppe

Portionen: 1

Zutaten

- 5-6 Garnelen

- 1 Packung Nudeln, mit Gewürzen

- $\frac{1}{4}$ Teelöffel Salz

- 1 Esslöffel Pflanzenöl

- 2-3 Knoblauchzehen, gehackt

- 2 Tassen Hühnerbrühe

Richtungen:

1. Etwas Öl in einem Topf erhitzen und etwas gehackten Knoblauch 30 Sekunden lang anbraten.

2. Garnelen hinzugeben und 4 Minuten unter Rühren braten.

3. Alle Gewürze, Nudeln und Wasser zugeben, 3-4 Minuten zum Kochen bringen.

4. In eine Servierschüssel geben.

79. Ramen-Suppe mit Pilzen

Portionen: 2

Zutaten

- 2 Tassen Blattspinat

- 2 Packung Ramen-Nudeln

- 3 Tassen Gemüsebrühe

- 3-4 Knoblauchzehen, gehackt

- $\frac{1}{4}$ Teelöffel Zwiebelpulver

- Salz und Pfeffer nach Geschmack

- 1 Esslöffel Pflanzenöl

- $\frac{1}{4}$ Tasse Frühlingszwiebel, gehackt

- 3-4 Champignons, gehackt

Richtungen:

1. Gemüsebrühe, Salz, Öl und Knoblauch in einen Topf geben und 1-2 Minuten kochen lassen.

2. Nun die Nudeln, Champignons, Frühlingszwiebeln, Spinat und schwarzen Pfeffer hinzugeben und 2-3 Minuten kochen.

3. Heiß genießen.

80. Pilz-Ramen-Suppe

Portionen: 2

Zutaten

- 2 Tassen Pilze, in Scheiben geschnitten

- 2 Packungen Ramen-Nudeln

- 1 Teelöffel schwarzer Pfeffer

- 2 Esslöffel scharfe Soße

- 2 Esslöffel Sojasauce

- 1 Esslöffel Worcestershire-Sauce

- $\frac{1}{4}$ Teelöffel Salz

- 3 Tassen Gemüsebrühe

- 1 Zwiebel, gehackt

- 2 Esslöffel Chilisauce

- 2 Esslöffel Erdnussöl

Richtungen:

1. Öl in einem Topf erhitzen und die Champignons 5-6 Minuten bei mittlerer Hitze braten.

2. Brühe, Salz, Pfeffer, scharfe Sauce, Worcestershire-Sauce, Zwiebel und Sojasauce hinzugeben und gut vermischen. Kochen Sie für ein paar Minuten.

3. Die Nudeln hinzugeben und 3 Minuten kochen.

4. Wenn Sie fertig sind, in eine Servierschüssel geben und mit Chilisauce garnieren.

5. Genießen.

NACHSPEISEN

81. Japanischer zitroniger Shochu

Zutaten

- 20 ml frischer Zitronensaft
- 20ml Schochu
- 40 ml Sodawasser
- Limetten- und Zitronenspalten zum Garnieren

Richtungen

a) Geben Sie den gesamten Inhalt in einen saubere Cocktailshaker und schütteln Sie ihn gut, um ihn z vermischen

b) Geben Sie einige Eiswürfel in die fertigen Gläser und gieße Sie das Getränk hinein

c) Mit Zitronen- und Limettenschnitzen servieren

82. Mochi-Süßigkeiten

Zutaten

- 1 ½ Tasse. Vorgefertigtes Anko
- 11/2 Tasse. Wasser
- 1 Tasse. Katakuriko (Maisstärke)
- ½ Tasse. Zucker
- 1 ¼ Tasse. Shiratama-ko (Reismehl)

Richtungen

a) ½ Tasse erhitzen. Wasser. Fügen Sie ½ Tasse hinzu. Zucker, aufkochen

b) ½ des Anko-Pulvers hineingeben. Zum Mischen gut umrühren

c) Fügen Sie mehr Wasser hinzu, wenn es sich trocken anfühlt, und rühren Sie, bis es fest wird. Zum Abkühlen beiseite stellen

d) Nach dem Abkühlen den Inhalt löffeln und zu 10 oder mehr kleinen Kugeln formen

e) Restlichen Zucker und Wasser in einer kleinen Schüssel mischen, beiseite stellen

f) Das Reismehl in eine Schüssel geben. Gießen Sie die Zuckermischung vorsichtig in das Mehl und rühren Sie, um einen Teig zu bilden

g) In die Mikrowelle stellen und 3 Minuten erhitzen

h) Sprühen Sie etwas Katakuriko auf die Oberfläche, entfernen Sie den Teig und legen Sie ihn auf die bemehlte Plattform.

i) Kneten Sie es vorsichtig, schneiden Sie es in Kugeln und drücken Sie jede Kugel flach.

j) In jeden flachen Teig eine Anko-Kugel legen, zu einer Kugel rollen

83. Japanische Fruchtspieße

Zutaten

- 2 Tasse. Erdbeere. DE geschält und Spitzen entfernt
- 12 grüne Oliven
- 2 Tasse. Ananaswürfel oder 1 Dose Ananas
- 2 Tasse. Geschnittene Kiwis
- 2 Tasse. Brombeeren
- 2 Tasse. Blaubeeren
- 9 Spieße oder Zahnstocher

Richtungen

1) Überschüssige Flüssigkeit von den Früchten abtropfen lassen und alternativ auf die Spieße stecken
2) Die gefüllten Spieße auf einem Tablett anrichten und für 1 Stunde in den Kühlschrank stellen
3) Herausnehmen und servieren, wenn es fertig ist

84.   Agar fruchtige Salsa

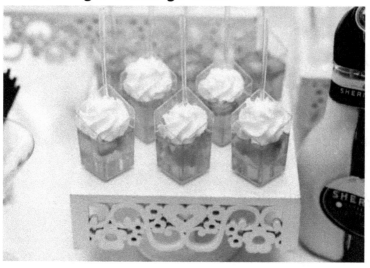

Zutaten

- 1 Stock. Kanten-Agar (Fruchtgelee)
- 1 kleine Dose. Mandarinensegmente
- 40 g Shiratama-ko (Reismehl)
- 3 Esslöffel vorgefertigte rote Bohnen
- 10kg. Zucker
- 1 Tasse. Gemischte Früchte aus Kiwis, Erdbeeren usw.

Richtungen

a) Den Kanten-Agar in kaltes Wasser legen, einweichen lassen, bis er weich wird

b) 250 ml Wasser aufkochen, die zarten Kanten aus dem Wasser abgießen und in das kochende Wasser geben. Fügen Sie Zucker hinzu und kochen Sie, bis Kanten gut aufgelöst ist. In eine Schüssel füllen, abkühlen lassen und im Gefrierschrank fest werden lassen

c) Das Shiratama-ko in eine Schüssel geben, etwas Wasser hinzufügen und zu einem Teig verrühren. Rollen Sie es und schneiden Sie es in Kugeln

d) Kochen Sie einen weiteren großen Topf mit Wasser, fügen Sie die Shiratama-ko-Kugeln hinzu, wenn das Wasser kocht, und kochen Sie, bis die Kugeln über dem kochenden Wasser schwimmen.

e) Die geschnittenen Früchte in eine Schüssel geben, die fertigen Shiratama-Ko-Kugeln hinzufügen, eine Portion der roten Bohnen, der Mandarine schöpfen, die angesetzten Kanten in Würfel schneiden und in die Schüssel geben.

f) Falls vorhanden Mandarinensirup oder Sojasauce darüberträufeln und servieren

85. Fruchtige japanische Tasse

Zutaten

- 1 Dose. Kondensmilch süßen
- 1 Dose. Fruchtcocktail (800 g). entwässert
- 1 Flasche (12 Unzen) Kaong. Perfekt entwässert und gespült
- 1 Tasse. Kokosfleisch. Fein in Streifen schneiden
- 1 Flasche (10 Unzen) Kokosnussgel
- 1 (220ml) Packung Allzweckcreme
- 1 Tasse. Käse. in Würfel schneiden

Richtungen

a) In einer kleinen Schüssel die Kondensmilch mit Sahne mischen

b) Gießen Sie andere Zutaten in die fertige Milchmischung. Zum Mischen gut schwenken

c) Schüssel abdecken und 3 Stunden kalt stellen

d) Aus dem Gefrierfach nehmen und servieren!

86. Japanische Wackelreisbällchen

Zutaten

- 70 g japanischer Reis. Zart gekocht
- 6 Esslöffel Sojasauce
- 1 Pfund gekochter Thunfisch

Richtungen

a) Grill vorheizen

b) Schaufeln Sie den gekochten und abgekühlten Reis in Ihr Handfläche oder verwenden Sie eine Onigiri-Form, um ein Reiskugel zu formen.

c) Machen Sie eine Öffnung in die Kugel und fügen Sie di Füllung und den Thunfisch hinzu und schließen Sie sie wiede (wickeln Sie so viele Bälle ein, wie Sie können)

d) Die Backform mit Kochspray einfetten und die Kugel hineinlegen

e) Grillen Sie es 12 Minuten lang im vorgeheizten Ofen un wenden Sie es gelegentlich, bis es ziemlich gebräunt ist.

f) Vom Herd nehmen und mit der Sojasauce bestreichen

g) Wieder erhitzen und servieren!

87. Kinako Dango

Servieren: 4

Zutaten:

- Kinako, halbe Tasse
- Kristallzucker, zwei Esslöffel
- Kaltes Wasser, halbe Tasse
- Dango-Pulver, eine Tasse
- Koscheres Salz, halbe Teelöffel

Richtungen:

a) Dango-Pulver und Wasser in eine Rührschüssel geben. Gut mischen, bis alles gut vermischt ist.

b) Etwas Teig nehmen und zu einer Kugel formen.

c) Auf einen Teller legen und so lange wiederholen, bis der gesamte Teig aufgebraucht ist.

d) Stellen Sie eine Schüssel mit kaltem Wasser beiseite.

e) Dango-Kugeln in kochendes Wasser geben und kochen, bis sie nach oben steigen.

f) Abgießen und in kaltes Wasser geben. Einige Minuten einwirken lassen, bis sie abkühlen und abtropfen.

g) In einer anderen Rührschüssel Kinako, Zucker und Salz hinzufügen und gut vermischen.

h) Geben Sie die Hälfte der Kinako-Mischung in eine Servierschüssel, fügen Sie Dango-Kugeln hinzu und garnieren Sie sie mit übrig gebliebenem Kinako.

i) Ihre Mahlzeit ist servierbereit.

88. Kürbispudding nach japanischer Art

Servieren: 2

Zutaten:

- Kürbispüree, eine Tasse
- Zucker, drei Esslöffel
- Vanilleextrakt, ein Teelöffel
- Eier, zwei
- Gelatinepulver, zwei Esslöffel
- Ahornsirup nach Bedarf

Richtungen:

a) Das Gelatinepulver mit der Milch auflösen.

b) In der Zwischenzeit das Kürbispüree und den Zucker in eine Schüssel geben, umrühren und 30 Sekunden lang auf höchster Stufe in die Mikrowelle stellen.

c) Die Milch-Gelatine-Mischung einrühren und zum Kürbis und Zucker geben. Eier und Vanilleextrakt unterrühren und gut verrühren.

d) Befreien Sie sich von den unvermischten Teilen, die im Sieb zurückgeblieben sind.

e) Stellen Sie eine tiefe Pfanne oder einen Topf über eine Herdplatte und stellen Sie die Förmchen hinein.

f) Schalten Sie die Hitze ein und bringen Sie das Wasser zum Kochen.

g) Schalten Sie die Hitze aus und prüfen Sie die Festigkeit der Puddings. Die Textur sollte ein wenig fest, aber immer noch cremig wie Pudding sein.

) Kühlen Sie die Puddings im Kühlschrank, bis sie vollständig gekühlt sind.

89. Dorayaki

Portion: 6

Zutaten:

- Honig, zwei Esslöffel
- Eier, zwei
- Zucker, eine Tasse
- Mehl, eine Tasse
- Backpulver, ein Teelöffel
- Rote Bohnenpaste, halbe Tasse

Richtungen:

a) Sammle alle Zutaten.

b) In einer großen Schüssel Eier, Zucker und Honig mischen und gut verquirlen, bis die Mischung schaumig wird.

c) Mehl und Backpulver in die Schüssel sieben und alles miteinander vermischen.

d) Der Teig sollte jetzt etwas glatter sein.

e) Eine große Antihaft-Pfanne bei mittlerer Hitze erhitzen. Am besten lassen Sie sich Zeit und erhitzen langsam.

f) Wenn Sie sehen, dass die Oberfläche des Teigs anfängt zu sprudeln, wenden Sie ihn und backen Sie die andere Seite.

g) Die rote Bohnenpaste in die Mitte geben.

h) Wickeln Sie Dorayaki bis zum Servieren in Plastikfolie ein.

90.   Flauschiger japanischer Käsekuchen

Zutaten:

- Vanille-Eiscreme
- Brownie-Mix, eine Schachtel
- Hot-Fudge-Sauce

Richtungen:

a) Ofen vorheizen auf 350 Grad.

b) Schneiden Sie Folienstreifen, um Jumbo-Muffinformen auszukleiden.

c) Streifen kreuz und quer übereinanderlegen, um sie als Hebegriffe zu verwenden, wenn die Brownies fertig sind.

d) Folie in einer Pfanne mit Kochspray einsprühen.

e) Brownie-Teig wie auf der Packung beschrieben zubereiten.

f) Den Teig gleichmäßig auf die Muffinförmchen verteilen. Die Muffinförmchen sind etwa zu 3/4 voll.

g) Muffinblech auf das umrandete Backblech stellen und im vorgeheizten Ofen 40-50 Minuten backen.

h) Aus dem Ofen nehmen und 5 Minuten in der Pfanne abkühlen lassen, dann für weitere 10 Minuten auf ein Kühlregal stellen.

i) Möglicherweise müssen Sie ein Buttermesser oder einen
    Glasurspatel verwenden, um die Seiten jedes Brownies zu
    lösen, und ihn dann mit den Foliengriffen aus der
    Muffinform heben.

j) Servieren Sie den warmen Brownie auf einem Teller mit
    einer Kugel Vanilleeis und heißer Fudge-Sauce.

91. Matcha-Eis

Servieren: 2

Zutaten:

- Matcha-Pulver, drei Esslöffel
- Halb und halb, zwei Tassen
- Koscheres Salz, eine Prise
- Zucker, halbe Tasse

Richtungen:

a) In einem mittelgroßen Topf die Hälfte und die Hälfte Zucker und Salz verquirlen.

b) Beginnen Sie, die Mischung bei mittlerer Hitze zu kochen und fügen Sie grünes Teepulver hinzu.

c) Vom Herd nehmen und die Mischung in eine Schüssel geben die in einem Eisbad steht. Wenn die Mischung abgekühlt ist mit Plastikfolie abdecken und im Kühlschrank kalt stellen.

d) Ihr Gericht ist servierbereit.

92. Taiyaki

Portion: 5

Zutaten:

- Kuchenmehl, zwei Tassen
- Backpulver, ein Teelöffel
- Backpulver, halbe Teelöffel
- Zucker, eine Tasse
- Ei, zwei
- Milch, halbe Tasse

Richtungen:

a) Kuchenmehl, Backpulver und Natron in eine große Schüssel sieben.

b) Den Zucker hinzugeben und gut verrühren.

c) In einer mittelgroßen Schüssel das Ei verquirlen und dann die Milch hinzufügen.

d) Kombinieren Sie die trockenen Zutaten mit den feuchten Zutaten und verquirlen Sie alles gut.

e) Gießen Sie den Teig in einen Messbecher oder Krug.

f) Die Taiyaki-Pfanne erhitzen und die Pfanne mit einem Pinsel mit Pflanzenöl einfetten.

g) Füllen Sie die Taiyaki-Pfannenform bei mittlerer bis niedriger Hitze zu etwa 60 %.

h) Deckel schließen und sofort wenden.

i) Dann wenden und kochen. Öffnen und überprüfen Sie, ob Taiyaki goldfarben ist.

93. Zenzai

Servieren: 4

Zutaten:

- Mochi, eine Tasse
- Rote Bohnen, eine Tasse
- Zucker, drei Esslöffel

Richtungen:

a) Rote Bohnen und fünf Tassen Wasser in einen Topf geben.

b) Zum Kochen bringen und fünf Minuten kochen lassen, dann die Bohnen abseihen und das Wasser, in dem sie gekocht wurden, wegschütten.

c) Nun die Bohnen abgießen und das Kochwasser auffangen.

d) Abgetropfte Bohnen in den Topf geben, Zucker hinzufügen und bei mittlerer Hitze zehn Minuten unter ständigem Rühren kochen.

e) Dann das Kochwasser der Bohnen zugießen, mit Zucker abschmecken und bei schwacher Hitze umrühren.

f) Backen Sie Mochi über einem Grill oder in einem Toaster, bis sie sich ausdehnen und leicht bräunen.

g) Mochi in eine Servierschüssel geben und mit einer Kugel Bohnensuppe bedecken.

94. Okoshi

Servieren: 3

Zutaten:

- Gekochter Reis, eine Tasse
- Tempuraöl, ein Esslöffel
- Zucker, eine Tasse
- Puffreis, eine Tasse
- Erdnüsse, halbe Tasse

Richtungen:

a) Den gekochten Reis auf einem Backblech in einer dünne Schicht verteilen und auf ein flaches Sieb oder ei Servierblech legen.

b) Wenn der Reis durchscheinend und knusprig wird, ist e bereit für die weitere Zubereitung. Zerkleinern Sie zuers alle Klumpen mit Ihren Fingern.

c) Eine Form für Okoshi mit Backpapier auslegen.

d) Tempuraöl auf 180 Grad erhitzen und den Reis frittieren.

e) Zucker mit Wasser mischen und bei mittlerer Hitze kocher bis der Sirup zu köcheln beginnt, dann die Hitze reduziere und nach Belieben Erdnüsse hinzugeben.

f) Gebratenen Puffreis und Zuckersirup schnell mischen und i einen Behälter umfüllen. Decken Sie die Oberseite mi einem Backblech ab und drücken Sie mit einem schwere und flachen Gegenstand.

g) In kleine Stücke schneiden und servieren.

95. Dango

Portion: 6

Zutaten:

- Joshinko-Reismehl, eine Tasse
- Shiratamako-Reismehl, eine Tasse
- Zucker, halbe Tasse
- Warmwasser nach Bedarf

Richtungen:

a) Mischen Sie das nicht klebrige Joshinko-Reismehl, das klebrige Shiratamako-Reismehl und den Zucker.

b) Fügen Sie das heiße Wasser nach und nach hinzu und mischen Sie es gut.

c) Decken Sie die Schüssel ab, in der Sie Ihre Dango-Mischung gemischt haben, und stellen Sie sie einige Minuten lang in die Mikrowelle. Feuchten Sie Ihre Hände erneut an und rollen Sie den Teig zu gleich großen Kugeln.

d) Ihr Gericht ist servierbereit.

96. Kasutera

Servieren: 24

Zutaten:

- Milch, eine Tasse
- Honig, zwei Esslöffel
- Mehl, zwei Tassen
- Zucker, eine Tasse

Richtungen:

a) Backofen auf 170 Grad vorheizen.

b) Bestreichen Sie zuerst den Boden und die Seiten einer Backform mit Butter oder Backfett und legen Sie sie dann mit Backpapier aus, sodass ein Teil des Papiers über die Seiten der Pfanne hängt.

c) Den Boden der Pfanne mit Zucker bestreuen.

d) Einen Topf mit Wasser zum Kochen bringen und dann vom Herd nehmen.

e) Milch und Honig verquirlen und das Mehl doppelt sieben.

f) Die Eier und den Zucker in die Schüssel geben.

g) Als nächstes die Milch-Honig-Mischung einrühren und dann Mehl Esslöffel für Esslöffel hinzufügen und die ganze Zeit schlagen, bis es eingearbeitet ist.

h) Wenn der Kuchen kühl genug zum Anfassen ist, den Kuchen in eine Plastiktüte geben und verschließen. Kühlen Sie für ein paar Stunden.

i) Ihr Gericht ist servierbereit.

97. Sesamcreme mit Zuckersirup

Portionen: 6

Zutaten:

- 500 ml Milch

- 3 Esslöffel Zucker

- 80 g Sesam

- 3 $\frac{1}{2}$ Blätter Gelatine

- Für den Sirup:

- 2 Esslöffel brauner Zucker

- 4 Esslöffel weißer Zucker

- 100 ml Wasser

Richtungen:

a) Die Sesamsamen in einer Pfanne ohne Öl anrösten. Mit der Rückseite eines Löffels die Sesamsamen zu einer Paste zerdrücken.

b) Rühren Sie die Paste in die Milch, fügen Sie 3 Esslöffel Zucker hinzu und erhitzen Sie das Ganze, bis sich der Zucker aufgelöst hat.

c) Die Gelatine in kaltem Wasser einweichen, ausdrücken und zur Sesammilch geben.

d) Flüssigkeit in Schälchen füllen und min. 3 Stunden im Kühlschrank.

e) Für den Sirup das Wasser erhitzen und den Zucker darin auflösen.

f) Zum Servieren Sauce über jede Creme gießen und etwas Sesam darüber streuen.

.

98. Japanischer Käsekuchen

Portionen: 1 Kuchen

Zutaten:

- 200 g weiße Schokolade

- 150 g Crème fraîche

- 3 Eier

Richtungen:

a) Die Eier trennen und das Eiweiß in den Gefrierschrank geben.

b) Die Schokolade in kleine Stücke schneiden und im Wasserbad schmelzen. Die Schokolade etwas abkühlen lassen.

c) Eigelb und Crème fraîche unterrühren. Rühren, bis eine cremige Masse entstanden ist.

d) Das Eiweiß aus dem Gefrierfach nehmen, unter das Eiweiß schlagen und vorsichtig unter die Masse heben.

e) Den Teig in eine Springform geben und bei 180°C für Minuten backen. Dann die Hitze auf 150°C reduzieren und weitere 15 Minuten backen. Zum Schluss 15 Minuten im ausgeschalteten Backofen ruhen lassen.

99.   Japanisches Kaffeegelee

ortionen: 4

utaten:

- 470 ml starker, heißer Kaffee

- 1 Päckchen Gelatinepulver

- 60 g Zucker

- 100 ml Sahne

- 2 Esslöffel Zucker

ichtungen:

) Zuerst das Gelatinepulver in 4 Teelöffel Wasser einrühren und 10 Minuten quellen lassen.

) Den Zucker zum Kaffee geben und rühren, bis sich der Zucker aufgelöst hat. Lassen Sie den Kaffee abkühlen.

) Den Kaffee in eine flache Schale (ca. 2 cm hoch) füllen und für 6 Stunden in den Kühlschrank stellen.

) Sahne mit 2 EL Zucker steif schlagen.

) Die Form aus dem Kühlschrank nehmen und alles in große Würfel schneiden. Mit Sahne servieren.

100. Gebratenes Obst nach japanischer Art

Portionen: 6

Zutaten:

- 1 Ei (einschließlich Eiweiß)

- 200 g Mehl

- 1 Prise Salz

- 1 Teelöffel Zucker

- 1 Prise gemahlener Ingwer

- 1 Banane

- 1 Apfel

- 1 Birne

- Öl zum frittieren

- Puderzucker

- 300 ml kaltes Wasser

Richtungen:

a) Das Eiweiß mit 300 ml kaltem Wasser schaumig schlagen.

b) Das Mehl sieben und Salz, Zucker, Ingwer und Eiweißschaum hinzufügen. Alles zu einem flüssigen Teig verrühren und eine Stunde kalt stellen.

c) Bereiten Sie das Obst vor. Bananen längs halbieren und vierteln. Birne und Apfel waschen und entkernen. Dann schneiden Sie sie in Scheiben.

d) Gießen Sie 4-5 cm hoch Öl in eine tiefe Pfanne und erhitzen Sie es. Legen Sie für das fertige Obst Küchenpapier bereit.

e) Die Früchte portionsweise in das Öl geben und goldbraun braten.

f) Legen Sie sie auf das Küchenpapier und lassen Sie die Früchte abtropfen.

g) Das Obst mit etwas Puderzucker bestäuben.

FAZIT

Was für eine Fahrt! Es hat sich gelohnt, sofort fantastische japanische Gerichte zu kennen ... und wenn Sie vorhaben, eine asiatische Themenparty zu veranstalten, ist dies ein guter Zeitpunkt, um Ihre asiatischen Kochkünste zu üben und stolz auf sich zu sein. Probieren Sie sie also nacheinander aus und denken Sie daran, uns zu erzählen, wie es gelaufen ist.

Die japanische Küche ist bekannt für ihre Vielfalt an Gerichten und ihre große Kombination aus seltenen Gewürzen, die normalerweise nur in Japan angebaut werden.

Viel Spaß beim japanischen Essen!

CPSIA information can be obtained
at www.ICGtesting.com
Printed in the USA
BVHW060016200722
642495BV00003B/27